W0113455

EL LIBRO DE LAS
ROCAS Y LOS MINERALES

... Y OTROS TESOROS DEL MUNDO NATURAL

EL LIBRO DE LAS
ROCAS Y LOS MINERALES

... Y OTROS TESOROS DEL MUNDO NATURAL

DAN GREEN

DK India

Edición sénior Bharti Bedi
Edición de arte de proyecto Pooja Pipil
Edición Deeksha Saikia
Edición de arte Tanvi Sahu, Vikas Chauhan,
Alpana Aditya y Sonali Rawat
Asistencia a la edición de arte Priyanka Bansal
Maquetación sénior Harish Aggarwal
Maquetación Jaypal Chauhan y Nityanand Kumar
Iconografía Nishwan Rasool
Diseño de cubiertas Surabhi Wadhwa
Coordinación editorial de cubiertas Saloni Singh
Coordinación de preproducción Balwant Singh
Coordinación de producción Pankaj Sharma
Coordinación de iconografía Taiyaba Khatoon
Coordinación editorial Kingshuk Ghoshal
Coordinación editorial de arte Govind Mittal

DK UK

Edición sénior Chris Hawkes
Edición de arte sénior Rachael Grady
Edición de cubiertas Claire Gell
Diseño de cubiertas Mark Cavanagh
Coordinación de diseño de cubiertas Sophia MTT
Preproducción Gillian Reid
Producción Vivienne Yong
Coordinación editorial de arte Philip Letsu
Coordinación de publicaciones Andrew Macintyre
Dirección de arte Karen Self
Subdirección de publicaciones Liz Wheeler
Dirección de publicaciones Jonathan Metcalf

DE LA EDICIÓN EN ESPAÑOL

Coordinación editorial Cristina Sánchez Bustamante
Asistencia editorial y producción Eduard Sepúlveda

Publicado originalmente en Gran Bretaña
en 2016 por Dorling Kindersley Limited
DK, One Embassy Gardens, 8 Viaduct Gardens,
London SW11 7BW

Parte de Penguin Random House

Título original: *The Rock and Gem Book*
Segunda reimpresión 2023

Copyright © 2016 Dorling Kindersley Limited

© Traducción en español 2021 Dorling Kindersley Limited

Servicios editoriales: deleatur, s.l.
Traducción: Joan Andreano Weyland

Todos los derechos reservados. Queda prohibida,
salvo excepción prevista en la Ley, cualquier forma
de reproducción, distribución, comunicación pública y
transformación de esta obra sin contar con la autorización
de los titulares de la propiedad intelectual.

ISBN: 978-0-7440-4868-1

Impreso y encuadernado en China

Para mentes curiosas
www.dkespañol.com

MIXTO
Papel | Apoyando la
selvicultura responsable
FSC™ C018179
www.fsc.org

Este libro se ha impreso con papel certificado
por el Forest Stewardship Council™ como
parte del compromiso de DK por un futuro
sostenible. Para más información, visita
www.dk.com/our-green-pledge.

CONTENIDOS

Minerales y gemas   42

Fósiles 122

Conchas 154

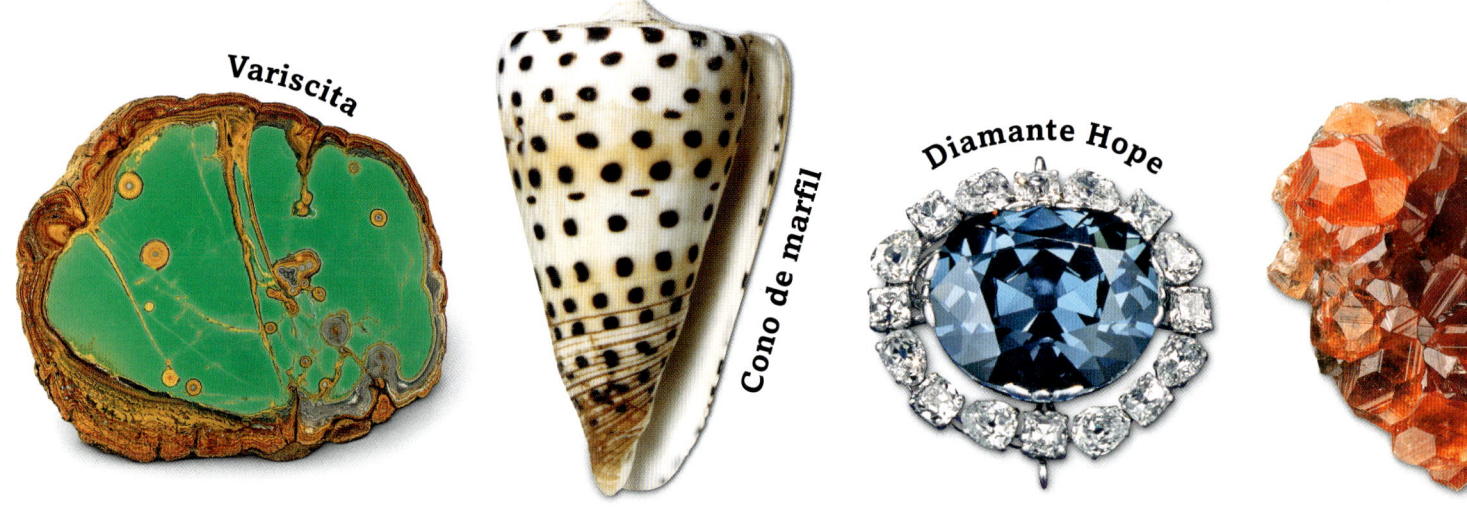

Variscita

Cono de marfil

Diamante Hope

Prólogo

Nuestro planeta rebosa de tesoros naturales. Las rocas que componen su superficie ocultan incontables sorpresas, desde coloridos minerales hasta centelleantes gemas y valiosos metales. Este libro es una fascinante colección de tesoros naturales, junto con sorprendentes fósiles y hermosas conchas.

Durante mi infancia junto al mar, en Gales (Reino Unido), me fascinaban las cosas que traía la resaca. Mis hermanas y yo recorríamos la playa buscando tesoros, coleccionando piedrecitas, conchas y guijarros con curiosos aspectos. Las colinas circundantes estaban salpicadas por minas de carbón, y yo me obsesioné con la idea de hallar oro en los ríos cercanos. Nunca encontré oro, pero a veces encontraba una roca con pequeños fósiles incrustados, algo que resultaba casi igual de apasionante.

Acabé estudiando geología en la universidad. Allí aprendí que, además de ser irresistibles por su belleza y escasez, los minerales nos cuentan cómo se formó el planeta y cómo cambia con el tiempo. Los fósiles registran la historia de cómo la vida en la Tierra ha superado los retos de un planeta siempre cambiante. Rocas y minerales son importantes en nuestra vida cotidiana.

Archaeopteryx

Antiguo collar de oro

Rubí tallado

Hessonita

Roca lunar

Corazón de azurita

Piña fosilizada

Muchas de las materias primas de las que dependemos se extraen del suelo.

En este libro encontrarás rocas, gemas e importantes minerales; también verás sorprendentes organismos fosilizados, rastrearás la historia de la vida y te sorprenderás con hermosas conchas. Y, mientras tanto, verás algunos de los más increíbles paisajes y de las más hermosas maravillas naturales. Espero que todo ello despierte tu curiosidad por el mundo que te rodea, y quizá incluso te encamine hacia tu propio viaje de descubrimiento.

Dan Green

En algunos lugares del libro hallarás recuadros que muestran los tamaños de rocas, minerales, gemas, fósiles y conchas singulares, comparados con un niño, un autobús escolar o una mano.

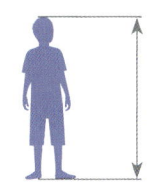

Niño = 1,45 m de altura

Autobús escolar = 11 m de longitud

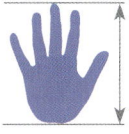

Mano = 16 cm de longitud

Lazurita en mármol

Concha de abulón

Bornita

Un planeta rocoso

La Tierra es una esfera rocosa, con densa roca fundida cerca de su centro. Solo una fina costra superficial es totalmente sólida. Esta corteza está hecha de minerales rocosos (sobre todo, combinaciones de silicio y oxígeno, o silicatos), y tiene hasta 50 km de grueso. La Tierra no es un lugar en calma. El calor interior hace que la corteza esté en incesante movimiento. Grandes placas de roca sólida, denominadas placas tectónicas, se empujan unas a otras provocando terremotos y abrasadoras erupciones volcánicas, y hasta alzan cordilleras al colisionar entre ellas.

Cómo se formó la Tierra

Los planetas del Sistema Solar se formaron al mismo tiempo, hace unos 4600 millones de años, a partir de una nube de polvo en torno al Sol. Durante millones de años, acreciones de este polvo se fueron uniendo y se esferificaron por la fuerza de su propia gravedad. La Tierra, por ejemplo, al atraer cada vez más y más materia, fue acelerando su crecimiento.

Esta ilustración muestra una secuencia de cómo se formó la Tierra: pequeños fragmentos de polvo y roca se unieron hasta formar un planeta con su propia atmósfera.

La corteza oceánica tiene entre 5 y 10 km de espesor

El núcleo externo tiene unos 2300 km de espesor

Fisura volcánica sobre un punto caliente en el manto

Superficie terrestre de corteza continental

Más de dos tercios de la superficie están cubiertos por agua líquida

La Tierra por dentro

La Tierra posee tres capas diferenciadas: el núcleo, con una parte interna sólida y otra externa fluida, que comprende más de la mitad del diámetro del planeta; el manto, una gruesa capa de densos minerales; y una fina corteza hecha de rocas y minerales.

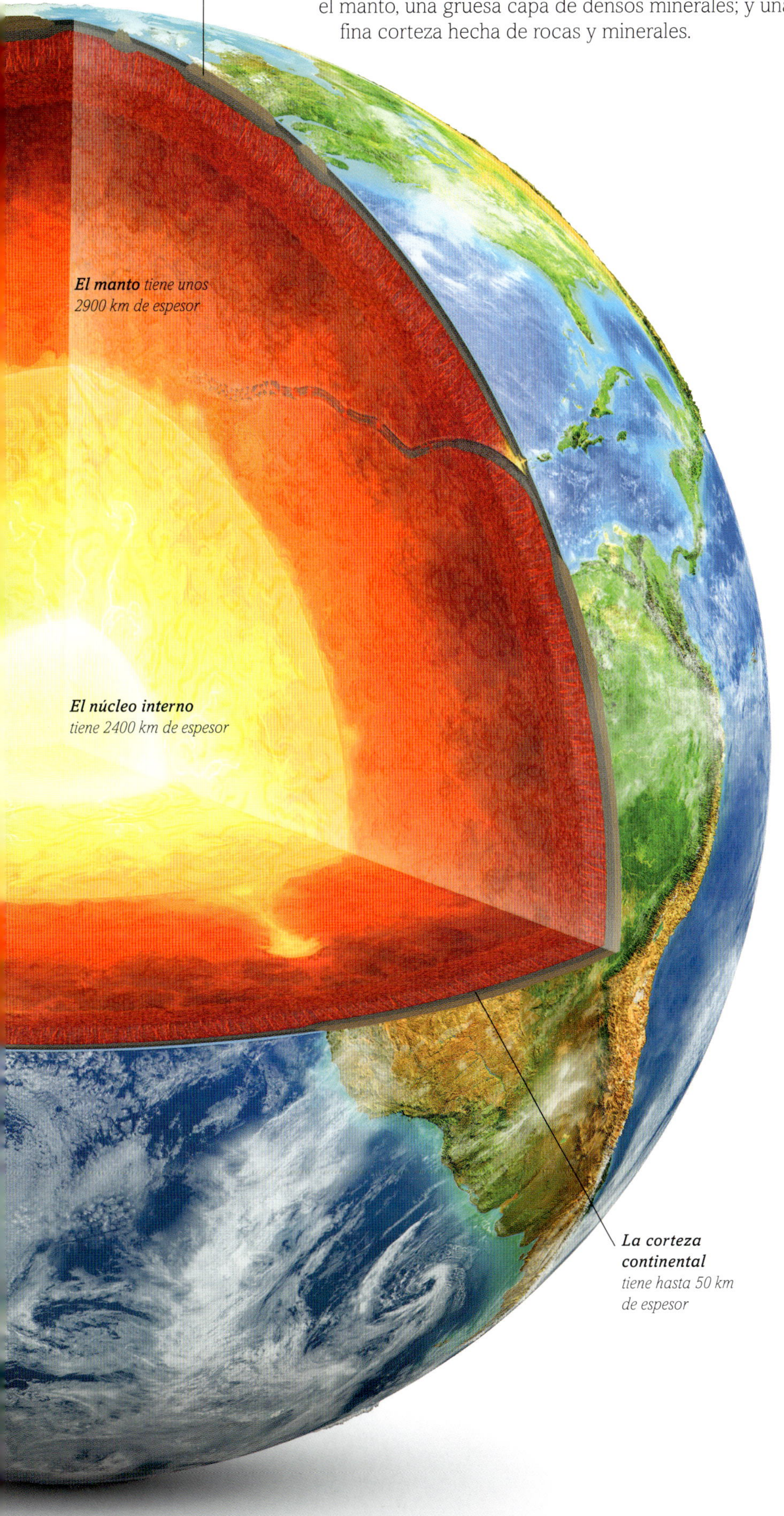

Las placas tectónicas están formadas por corteza y manto superior

El manto tiene unos 2900 km de espesor

El núcleo interno tiene 2400 km de espesor

La corteza continental tiene hasta 50 km de espesor

Placas en movimiento

La superficie de la Tierra está dividida en un puzle de placas interconectadas de corteza y manto sólido. Estos enormes bloques, las placas tectónicas, flotan sobre el espeso manto que tienen debajo. Hay ocho grandes placas y muchas más pequeñas.

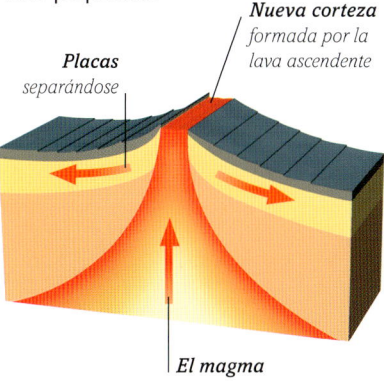

Placas separándose

Nueva corteza formada por la lava ascendente

El magma surge del manto

Extensión
Allá donde las placas se separan se va creando nueva corteza. Cuando la corteza es demasiado fina, el magma surge a la superficie y vierte lava. Esto sucede a lo largo de la dorsal Mesoatlántica.

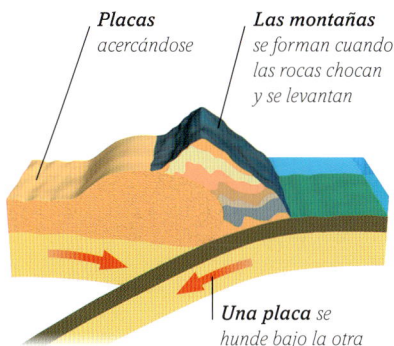

Placas acercándose

Las montañas se forman cuando las rocas chocan y se levantan

Una placa se hunde bajo la otra

Colisión
Allá donde las placas colisionan se destruye corteza. Una de las placas se monta sobre la otra, y la inferior se hunde hacia el manto. Esto crea cordilleras montañosas como las del Himalaya o los Andes.

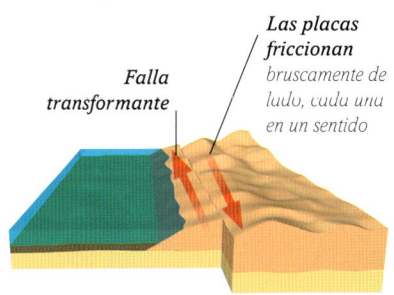

Falla transformante

Las placas friccionan bruscamente de lado, cada una en un sentido

Desplazamiento lateral
Cuando las placas rozan entre sí de lado, no se crea ni se destruye corteza. La fricción entre ambas placas acumula tensión, que puede liberarse de golpe causando terremotos.

El ciclo de las rocas

La mayor parte de las rocas de la Tierra están ocultas bajo la superficie, pero en algunos lugares se hacen visibles en el paisaje: montañas, cañones y paisajes costeros, por ejemplo. Muchos tipos diferentes de roca se han formado a lo largo de miles de millones de años mediante muchos procesos: la actividad volcánica, que crea rocas en la superficie o cerca de ella (rocas ígneas); la formación de sedimentos en lugares como el lecho marino (rocas sedimentarias); y los cambios de forma provocados por el calor y la presión extremas (rocas metamórficas). Estos procesos están vinculados en un eterno ciclo conocido como ciclo de las rocas.

El agua en descenso, por influencia de la gravedad, arrastra granos minerales al mar

Algunos sedimentos se depositan en los lechos marinos

Los sedimentos transportados al mar se van depositando en capas en los bordes de los continentes

Reciclaje de las rocas

El planeta recicla constantemente sus rocas. Granos minerales desprendidos de rocas ígneas se depositan y forman rocas sedimentarias. La presión y el calor de la Tierra alteran minerales y crean rocas metamórficas. Cuando las rocas se funden, una nueva generación de minerales surge del magma, creando nuevas rocas ígneas.

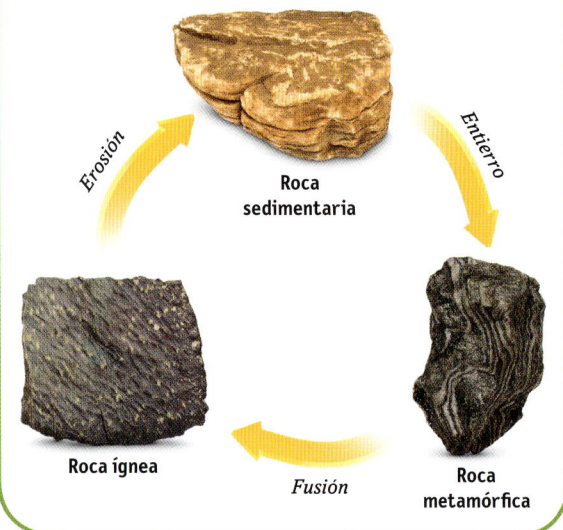

Erosión

Roca sedimentaria

Entierro

Roca ígnea

Fusión

Roca metamórfica

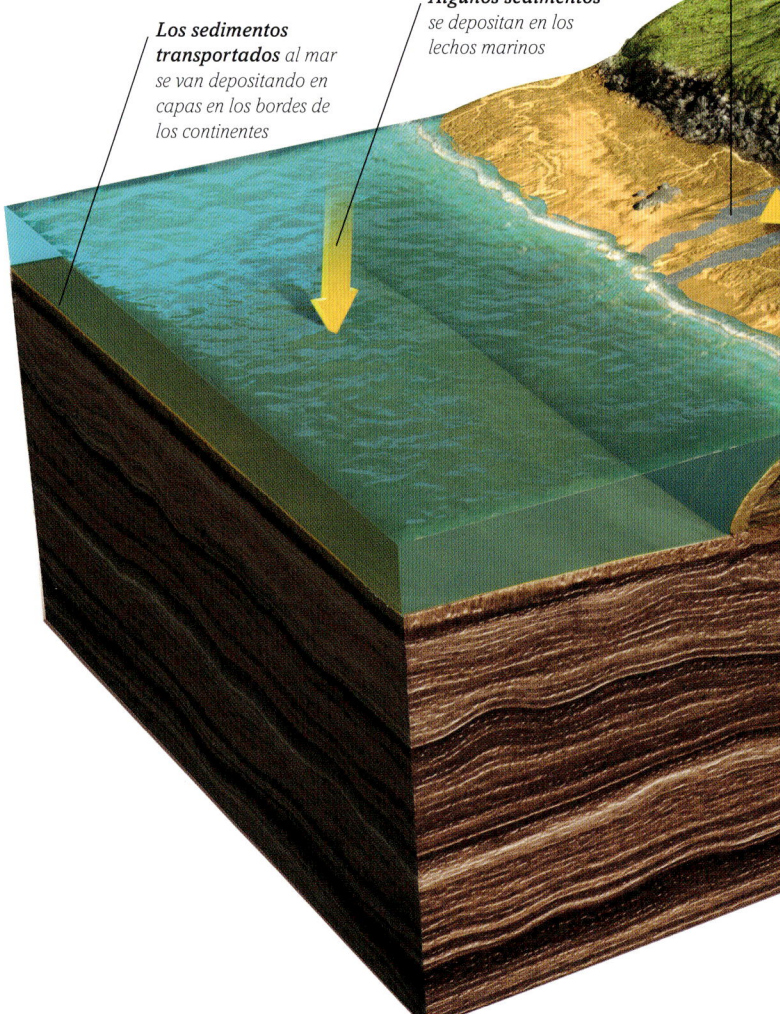

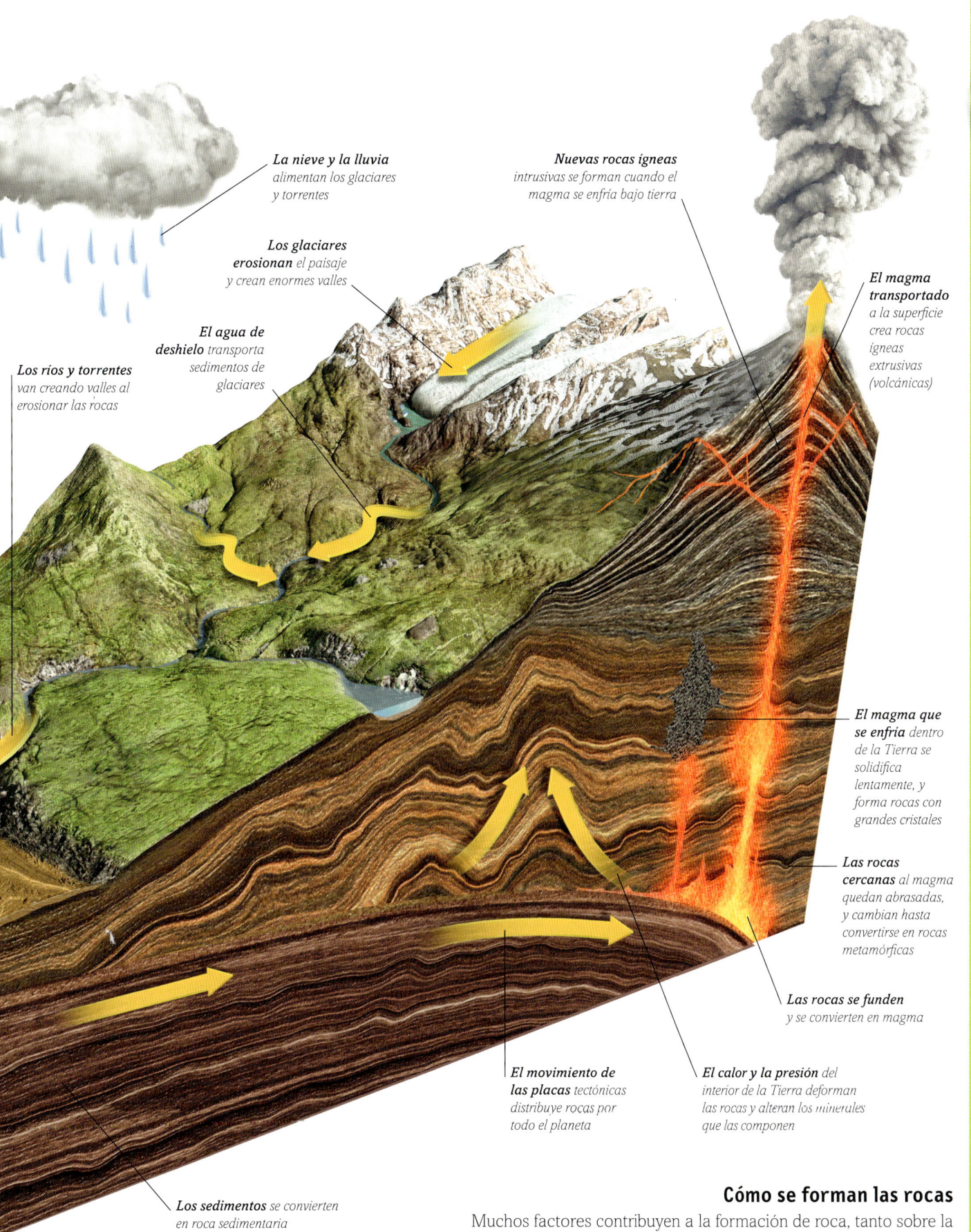

La nieve y la lluvia alimentan los glaciares y torrentes

Nuevas rocas ígneas intrusivas se forman cuando el magma se enfría bajo tierra

El magma transportado a la superficie crea rocas ígneas extrusivas (volcánicas)

Los glaciares erosionan el paisaje y crean enormes valles

El agua de deshielo transporta sedimentos de glaciares

Los ríos y torrentes van creando valles al erosionar las rocas

El magma que se enfría dentro de la Tierra se solidifica lentamente, y forma rocas con grandes cristales

Las rocas cercanas al magma quedan abrasadas, y cambian hasta convertirse en rocas metamórficas

Las rocas se funden y se convierten en magma

El movimiento de las placas tectónicas distribuye rocas por todo el planeta

El calor y la presión del interior de la Tierra deforman las rocas y alteran los minerales que las componen

Los sedimentos se convierten en roca sedimentaria

Cómo se forman las rocas

Muchos factores contribuyen a la formación de roca, tanto sobre la superficie de la Tierra como debajo de ella. En la superficie, glaciares y ríos desgastan la roca, y el viento la erosiona, arrancándole así partículas. Los sedimentos, minúsculas partículas de roca y barro, se acumulan en el fondo de lagos y costas y en el lecho marino. Dentro de la Tierra, el calor y la presión funden rocas sedimentarias e ígneas y las convierten en metamórficas, y se forman volcanes que crean nueva roca ígnea.

11

ROCAS

Rocas

Una roca es un material de formación natural compuesto por uno o más minerales, aunque algunas rocas están formadas por otras sustancias, como vegetación descompuesta (el carbón, por ejemplo). Hay tres grandes clases de rocas: ígneas, sedimentarias y metamórficas. Cada una de estas clases se subdivide en grupos y tipos, en función sobre todo de su composición mineral y textura.

Pegmatita con turmalina

Cristal de turmalina

Tamaño del cristal ❯

Un sorprendente rasgo de la pegmatita es el tamaño de sus cristales. Suelen ser de más de 5 cm de longitud, pero se han hallado muestras de más de 10 m en este tipo de roca.

Formación › La pegmatita es una roca ígnea extrema que se forma en la fase final de cristalización del magma. Se la llama extrema porque posee cristales excepcionalmente grandes, y porque contiene con frecuencia minerales rara vez hallados en otros tipos de roca.

Cuarzo

Tipos de roca

Ígneas
• Formadas por roca fundida (magma) que se solidifica bajo tierra o bien lo hace tras fluir a la superficie.

Sedimentarias
• Suelen formarse por el depósito de granos minerales en la superficie por parte del agua, el viento o el hielo.

Metamórficas
• Formadas por rocas ya existentes que cambian al ser sometidas a temperaturas y presiones extremas bajo tierra.

ROCAS DEL PAISAJE

Torre del Diablo, Wyoming (EE UU). Se trata de una roca que se enfrió dentro de una chimenea volcánica y quedó expuesta a la erosión.

Gran Cañón, Arizona (EE UU). El río Colorado ha cortado un cañón de 1,6 km de profundidad a través de capas de roca sedimentaria.

Playa Taigh Bhuirgh, Harris (Escocia). El gneis, una roca metamórfica, posee bandas diferenciadas de minerales, y son de varios colores.

Rocas ígneas

Granodiorita

El potasio del
feldespato *le da
un color rosáceo*

Kimberlita

Granito

*Diamante
incrustado
en roca*

*Su aspecto
granulado
procede del
feldespato
blanco y
de la mica
biotita negra*

Peridotita

Piroxenita

*Oscura roca de
granos gruesos*

*Peridotita
verdosa en una
roca volcánica*

Dunita

*Roca verdosa
amarillenta, importante
fuente de mineral de cromo*

En lo profundo de la Tierra, el extremo calor puede fundir roca. A la temperatura de 1250 °C, la roca fundida, al rojo vivo, llamada magma, se abre camino por las capas sólidas de la corteza por fisuras y otras líneas de ruptura.

Las rocas intrusivas ígneas se forman cuando el magma se enfría lentamente bajo la superficie de la Tierra. Sometido a una gran presión, el magma cristaliza, se endurece y forma roca. Creadas por cristales entrelazados, las rocas intrusivas son duras y resistentes, y poseen granos más grandes que las

Gabro

Textura áspera de cristales entrelazados

Pórfido

Roca de grano fino que contiene cristales grandes

Diorita

Granos de tamaño similar

Se llama **plutónicas** a las rocas intrusivas por Plutón, dios romano del inframundo.

Pegmatita

El color verde procede del mineral olivino

Dardos de tungsteno

El tungsteno metálico de las puntas de dardos se extrae de minerales de pegmatita

Cristal de gran tamaño

Cristales grises de feldespato

Sienita

Anortosita

Ligero cristal de feldespato plagioclasa

volcánicas, porque tardan más en enfriarse y los cristales tienen más tiempo para crecer. Con sus gruesos granos, el **granito** es la roca intrusiva más común. La **pegmatita**, una fuente de metales raros y gemas, posee los cristales más grandes de todos. El **pórfido** se forma cuando cristales grandes y de lenta formación se enfrían rápidamente y se ven rodeados por pequeños granos cristalinos. A veces, moles enteras de roca del manto superior forman rocas intrusivas ígneas. Estas **piroxenitas**, **dunitas** y **peridotitas** contienen mucho mineral olivino, y algunas **kimberlitas** contienen diamantes.

17

Granito

Granito con cristal de turmalina

Granito rosa

No hay dos **bloques** de granito **iguales**: cada mármol de cocina es **único**.

Los feldespatos ricos en potasio dan un tono rosáceo

Gran cristal de turmalina

La dureza del granito lo hace difícil de tallar a mano

Talla en granito

Hacha de la Edad de Bronce

Granito tallado en forma de contundente hacha

Estatua de Horus

Se fabrican tradicionalmente con granito de Ailsa Craig (Escocia)

Piedra de curling

Estatua de granito del antiguo dios halcón egipcio

LA PIEDRA DEL TRUENO

La Piedra del Trueno
(1500 toneladas)

Ballenas azules
(peso de 8 ballenas azules)

Roca gigantesca
La Piedra del Trueno es el pedestal de granito de la estatua Caballero de Bronce, en San Petersburgo (Rusia). Con un peso aproximado de 1500 toneladas, el equivalente a ocho ballenas azules, se cree que es la piedra más pesada movida por los humanos.

El granito es la roca madre de la corteza del planeta. Los cimientos de los continentes están formados casi enteramente por esta roca ígnea intrusiva de grano grueso. El granito compone no menos del 70 por ciento de la corteza de la Tierra.

Símbolo de dureza y resistencia, es la roca intrusiva más común de la Tierra. Cristaliza lentamente a gran profundidad a partir de magma rico en silicatos. Entonces el magma se inyecta en la corteza en cantidades enormes. A estas masas de roca se las llama batolitos, y a menudo quedan erectas como

Granito Cheesewring
procedente de Cornualles (Inglaterra)

Tower Bridge, en Londres (Inglaterra)

Se usan piedras
pulidas para suelos y mármoles de cocina

Bloques de granito

Estatua de granito de alrededor de 1250 a. C.

Busto de Ramsés II

Los granos negros
de hornablenda le dan un aspecto moteado

Granito de hornablenda

Granito porfiroide

Gran cristal *de feldespato plagioclasa*

Trégastel (Francia)

Pico rocoso *de granito, denominado tor*

Monte Rushmore (EE UU)

Talladas en el acantilado *de granito, las cabezas de los expresidentes tienen 20 metros de altura*

altos contrafuertes una vez la cobertura de roca se ha erosionado. **Trégastel, en Francia**, y el **Monte Rushmore, en EE UU**, son ejemplos. El granito es una mezcla de tres minerales: cuarzo, feldespato y mica. El tipo de feldespato y la mezcla de otros minerales minoritarios dan a la roca sus colores típicos: blanco con manchas, gris o **rosa**. Una vez pulidos, los cristales del granito brillan. Esta durísima roca se ha empleado a lo largo de la historia para crear **herramientas, estatuas y bustos**. Bloques sin pulir se emplean como adoquines y como sillares para construir.

Rocas volcánicas

Traquita

Lava de textura rugosa y color claro

Cristales como agujas que parecen copos de nieve

Obsidiana nevada

Cenizas volcánicas solidificadas

Toba volcánica

Los poros llenos de aire hacen a la piedra pómez tan ligera que puede **flotar en el agua**.

Textura con muchas burbujas gaseosas

Vidrio, en lugar de cristales minerales

Las rocas volcánicas, o ígneas extrusivas, surgen gracias al fuego. El magma golpea la superficie a temperaturas de 1200 °C. El gas disuelto en él lo lanza en explosiones volcánicas o hace que fluya lentamente de una chimenea o fisura.

Las rocas volcánicas se forman cuando la lava se enfría y solidifica. Tienen granos finos porque se enfrían rápidamente: los cristales tienen poco tiempo para formarse. El **basalto**, la **andesita** y la **traquita** son las lavas más comunes. Debido a su gran densidad, el magma de **riolita** causa las

Cabellos de Pele

Monte Fuji (Japón)

El monte Fuji está formado por capas de basalto sobre un núcleo de andesita

Andesita

Cristal de color claro

El viento trenza la lava fundida creando largas fibras como cabellos

Basalto

Rico en hierro y magnesio

Riolita

La coloración rosa no es muy habitual

Piedra pómez

Bomba volcánica de corteza de pan

Dura corteza que parece una hogaza de pan

El filo es más cortante que el acero

Punta de flecha de obsidiana

Obsidiana

VOLCANES VIOLENTOS

Yellowstone (EE UU), hace 640 000 años
La enorme erupción produjo 2500 veces más ceniza que la del monte Santa Helena, en Washington.

Monte Tambora (Indonesia), 1815
La mayor erupción jamás registrada: causó un año de invierno en todo el mundo.

Monte Pinatubo (Filipinas), 1991
La segunda mayor erupción del siglo xx. Muchas personas tuvieron que ser evacuadas antes.

Krakatoa (Indonesia), 1883
Generó la explosión más fuerte jamás registrada. Su erupción provocó tsunamis y mató a muchas personas.

Monte Santa Helena (EE UU), 1980
La erupción más letal de la historia de EE UU. La explosión voló la cima de la montaña.

erupciones más violentas. La mayor parte de las lavas están compuestas por silicatos, como feldespatos, olivino, anfíboles, micas y cuarzo. La **toba** está compuesta por ceniza volcánica, que a veces está tan caliente que se funde. La **obsidiana** se enfría demasiado rápido como para formar cristales. Durante las erupciones, los volcanes pueden disparar bolas de lava llamadas **«bombas»**. ¡Los gases disueltos llenan la **piedra pómez** de burbujas! Los **cabellos de Pele** están compuestos por fibras minerales que se enfrían cuando la roca líquida aflora en las erupciones.

Basalto

Tallada en un único bloque de basalto, la piedra pesa 24 toneladas

Piedra solar

Lago de lava

Volcán basáltico (Hawái)

Basalto vesiculado

Agujeros provocados por burbujas de gas durante el enfriamiento

Lava pedregosa, ligera y áspera

Lava Aa

Calendario tallado en piedra por los aztecas, de 3,5 metros de ancho

Antigua hacha de mano

TIPOS DE LAVA

Cuando los volcanes erupcionan, el magma puede explotar en forma de diminutas partículas o fluir como lava líquida. Esta lava puede ser de varios tipos.

Lava Aa
La densa lava Aa se descompone en bloques rugosos que se enfrían y flotan sobre la lava líquida.

Lava pahoehoe
La fluida lava pahoehoe fluye como la cera de las velas. Su superficie se enfría formando una piel sólida que se retuerce.

Lava almohadillada
El basalto que brota bajo el agua forma «almohadas» redondeadas. La parte delantera se enfría al contacto con el agua.

Misteriosas rocas en forma de seta talladas por el pueblo mesoamericano maya, hace más de mil años

Escultura maya

Burbuja de gas posteriormente rellenada por minerales como el sílice o la calcita

Basalto amigdalar

El basalto, una oscura piedra hecha de finos cristales, es la roca ígnea (volcánica) extrusiva más común del planeta. Surge de los volcanes submarinos en dorsales mesoceánicas, y forma la mayoría de la corteza oceánica.

Aunque la mayor parte de los volcanes basálticos de la Tierra son submarinos, varios están en la superficie. Los volcanes de las islas hawaianas y del Gran Valle del Rift, en África, son «volcanes en escudo». Hace unos 66 millones de años, en India, unas erupciones cubrieron 1,5 millones de

Bomba de lava basáltica

Azuela hawaiana

Afilada hoja de basalto de una moderna herramienta de carpintería

Templo de las grutas de Ellora (India)

Templos tallados en basalto macizo

Los minerales ricos en hierro del basalto se vuelven rojos al oxidarse

Cabeza de Yarim-Lim

Las columnas **basálticas más altas** de la Calzada del Gigante tienen **12 m** de altura.

Calzada del Gigante (Irlanda del Norte)

La meseta de lava más grande de Europa, con más de 40 000 columnas basálticas

Busto tallado en basalto del antiguo rey persa, c. 1785 a. C.

Hacha o herramienta para excavar de la cultura Pueblo, del sur de EE UU (750-900 d. C.)

Roca basáltica lunar

Muestra de basalto procedente de un mare de la Luna

kilómetros cuadrados con una capa de 2 km de profundidad. En **Ellora** se tallaron 34 majestuosos templos y monasterios en el mismo macizo basáltico. Los volcanes basálticos producen diferentes tipos de lava (recuadro, p. anterior), como la **Aa**. También producen **basalto** **vesiculado** y **bombas de lava**. En la superficie, la lava basáltica forma columnas hexagonales al enfriarse. La **Calzada del Gigante**, en Irlanda del Norte, es un ejemplo. Cada mancha oscura de la Luna es una extensa planicie baja (o mare) de basalto formada por lava ya cuando se creó la Luna.

TIERRA VIOLENTA

El Kilauea es un volcán de lava y rabia candentes. Su fiero cráter central está en la Isla Grande de Hawái, y entra en erupción en el frenético hogar de la mítica Pele, la diosa del fuego. Es uno de los volcanes más activos, en erupción continua desde 1983. Produce una lava basáltica fluida, que se vierte desde el cráter y las chimeneas laterales, y acaba en el mar.

Los volcanes son una parte vital del ciclo de las rocas. Alimentados por cámaras de magma subterráneas, reciclan viejas rocas y crean nuevas rocas ígneas. La mayoría de ellos están situados sobre los bordes de placas tectónicas, puntos donde las placas de la corteza terrestre colisionan y entran en fricción. Sin embargo, los volcanes hawaianos están en medio de la placa del Pacífico. Los científicos creen que se forman conforme la placa se desplaza por encima de un «punto caliente» del manto subterráneo. Este volcán pudo empezar a existir hace entre 300 000 y 600 000 años, en el fondo del mar; y, luego, creció y creció hasta que, hace unos 50 000 años, finalmente emergió del mar.

Rocas metamórficas

Banda de roca granítica

Migmatita

Textura *de piel de serpiente*

Serpentinita

Grano de tamaño fino

Pizarra

Anfibolita

Se deshace fácilmente en láminas

Tejado de pizarra

Mármol

Roca de textura áspera

Alternancia de capas claras y oscuras

Granos de calcita entrelazados

Gneiss

Cristal de granate rojo

Skarn

Banda oscura de minerales

La Tierra no es un planeta en calma. Su corteza se pliega sobre sí misma, renovándose sin parar. Las rocas atrapadas en este proceso están sometidas a cambios hasta convertirse en nuevas rocas metamórficas.

Las rocas metamórficas son el resultado de la transformación de rocas ígneas y sedimentarias por el calor y la presión subterráneas. Las presiones en el interior del planeta aumentan conforme cambia y se deforma, y alteran los cristales minerales de las rocas, alineándolos

La blanda esteatita es fácil de tallar y pulir

Escarabeo de esteatita

Esteatita

Compuesta principalmente de blando talco mineral

Cono vacío en el que un rayo ha vaporizado la arena

Fulgurita

Cuarcita

La recristalización de minerales forma patrones sinuosos

Milonita

Contiene más de un 90 por ciento de cuarzo

> La fulgurita la produce un rayo **«atrapado en roca»** a temperaturas de hasta 1800 °C.

Esquisto

Eclogita

Arena parcialmente fundida

Su color plateado procede de la mica moscovita

en capas. Esto convierte la fangolita en **pizarra**. Los minerales de pizarra se acumulan como páginas en un libro, por lo que se separan en láminas con facilidad. La intensa presión también crea nuevos minerales en la roca, y forma las bandas del **gneis**. Las **migmatitas** tienen bandas recristalizadas de granito por toda la roca; y las **eclogitas** contienen cristales de granate rojos formados bajo enormes temperaturas y presiones. La intensa presión crea también el **esquisto**, una roca escamosa en la que casi todos los granos minerales son paralelos.

27

Mármol

Mármol verde

El **color verde** procede del mineral serpentina

Mármol sin cortes

Columnas de mármol adornan la fachada de esta maravillosa iglesia, en Lucca (Italia)

Iglesia de San Miguel en Foro (Italia)

Mármol formado por cristales gruesos

Mármol blanco

Estatua tallada en un solo bloque de mármol blanco

Estatua del rey David

El *David* de Miguel Ángel es un **enorme** desnudo de **5,17 m** de altura.

Vetas de arcilla en roca caliza

Mortero y mano de mármol

El mármol pulido tiene aspecto de cera

El mármol es una roca metamórfica derivada de la caliza o de la dolomía. Se forma bajo un calor y una presión extremos. No es tan blando como sugiere su apariencia. Esta bellísima roca ha sido muy apreciada por artistas y arquitectos.

La combinación de dureza y belleza del mármol es un producto del metamorfismo. Cuando se eleva la temperatura y la presión de rocas carbonáticas como la caliza y la dolomía bajo la corteza terrestre, los minerales calcáreos se recristalizan. Esto crea granos interconectados

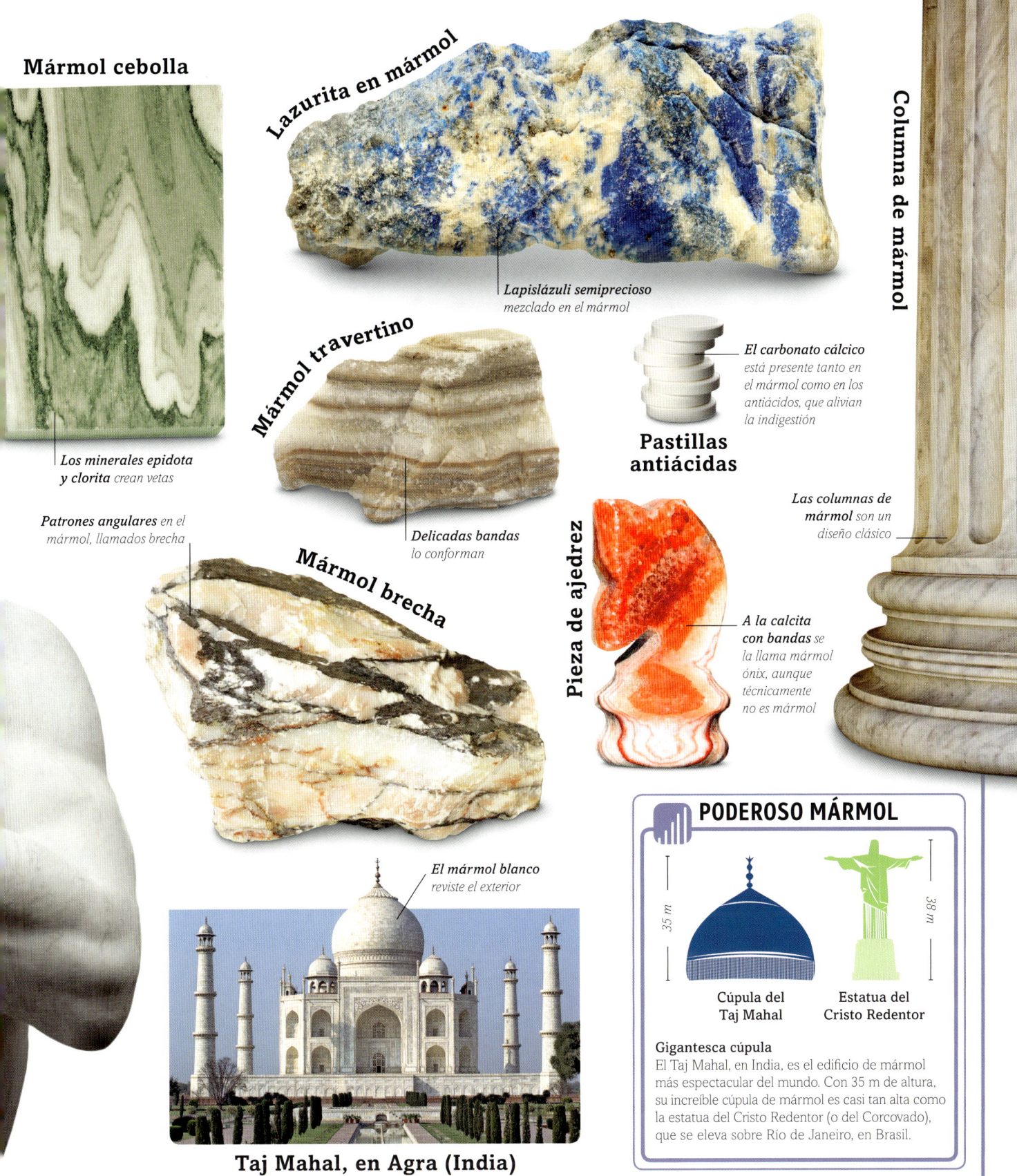

Mármol cebolla

Lazurita en mármol

*Lapislázuli semiprecioso
mezclado en el mármol*

Columna de mármol

*El carbonato cálcico
está presente tanto en
el mármol como en los
antiácidos, que alivian
la indigestión*

**Pastillas
antiácidas**

*Los minerales epidota
y clorita crean vetas*

Mármol travertino

*Patrones angulares en el
mármol, llamados brecha*

Mármol brecha

*Delicadas bandas
lo conforman*

Pieza de ajedrez

*A la calcita
con bandas se
la llama mármol
ónix, aunque
técnicamente
no es mármol*

*Las columnas de
mármol son un
diseño clásico*

*El mármol blanco
reviste el exterior*

PODEROSO MÁRMOL

35 m

38 m

Cúpula del
Taj Mahal

Estatua del
Cristo Redentor

Gigantesca cúpula
El Taj Mahal, en India, es el edificio de mármol
más espectacular del mundo. Con 35 m de altura,
su increíble cúpula de mármol es casi tan alta como
la estatua del Cristo Redentor (o del Corcovado),
que se eleva sobre Río de Janeiro, en Brasil.

Taj Mahal, en Agra (India)

que difuminan la luz y dan a la roca su apariencia
cremosa. El color clásico se ve en el **mármol
blanco**, que suele mostrar vetas oscuras, como
se ve en este **mortero**. El escultor italiano Miguel
Ángel (1475-1564) amaba el mármol de Carrara,
y en él talló su obra maestra, *David*. Hay mármol
en toda una variedad de colores y texturas.
El **mármol cebolla** (o de Caristo) muestra
bandas de minerales metamórficos. El **travertino**
procede de caliza depositada en aguas termales;
y el **mármol brecha** es una sorprendente mezcla
de fragmentos de roca y cemento de mármol.

Rocas sedimentarias

Arenilla feldespática

Cerca de una cuarta parte de esta roca está compuesta de minerales de feldespato

Arenisca micácea

Grauvaca

Matriz de arena de fino grano depositada en el mar

Lutita

Los fragmentos angulares muestran que los granos no han sufrido transporte

Capas de lutita

Parches de óxido de hierro

A menudo se encuentra **brecha** a lo largo de **líneas de falla** en las rocas.

Brecha

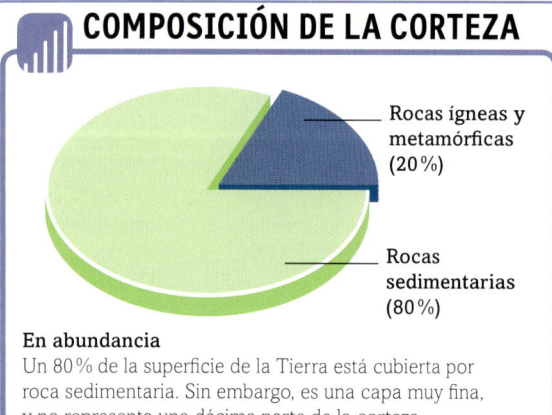

COMPOSICIÓN DE LA CORTEZA

Rocas ígneas y metamórficas (20%)

Rocas sedimentarias (80%)

En abundancia
Un 80% de la superficie de la Tierra está cubierta por roca sedimentaria. Sin embargo, es una capa muy fina, y no representa una décima parte de la corteza.

Cuando la lluvia, el viento y el clima azotan la roca expuesta, los granos más finos son arrastrados. Estos sedimentos se acumulan en lechos de lagos y océanos. Con el tiempo, otros minerales los cimentan, creando así rocas sedimentarias.

Las **areniscas** están formadas por pequeños granos de duro cuarzo. Es un mineral duro y crea rocas muy resistentes. Todos los granos sufren desgaste en el transporte, y, cuanto más lejos son transportados, más pequeños y redondeados son. La **brecha** está compuesta

Granos medios y gruesos de arena y gravilla

Arenilla

Conglomerado pudinga

Grandes guijarros cimentados

Limolita

Espectacular formación de 36 cimas de conglomerado en el sur del Territorio del Norte australiano

Fangolita

No hay capas evidentes en esta roca dura y resistente

Los ladrillos se hacen tradicionalmente con rocas ricas en arcillas

Ladrillos

Sedimentos de grano fino

Cimas de Kata Tjuta (Australia)

por fragmentos de otras rocas. Sus granos son afilados y angulares, en lugar de redondeados y suaves. La **arenilla** de grano grueso es una arenisca famosa por su resistencia: antaño se usaba para ruedas de molino de trigo y piedra de afilar. La **limolita**, la **lutita** y la **fangolita**

están formadas por finas partículas de arcilla y esquisto. La fangolita tiene granos finísimos que solo pueden verse con microscopio. Las rocas conglomeradas tienen los granos más grandes. Este **conglomerado pudinga** tiene granos del tamaño de guijarros.

Brecha caliza

*Fragmentos grises
ricos en sílice*

Toba calcárea

*Los fósiles de
nummulites pueden
llegar a medir 5 cm
de longitud*

Caliza nummulítica

Caliza fosilífera

*Textura
polvorienta,
blanda y blanca*

*Concha fosilizada incrustada
en carbonato cálcico*

*Caliza mezclada con
sedimentos arcillosos*

*Extrañas formas
se dan cuando el
agua se evapora*

Marga

Tiza para pizarra

*Las tizas
están hechas
de yeso, aunque
tradicionalmente se
hacían de tiza natural*

Tiza roja

Esfinge (Egipto)

*La Gran Esfinge de Guiza,
en Egipto, se encuentra en un
área llena de caliza y marga*

*El color rojo procede
del mineral hematita*

Las rocas sedimentarias clásticas se componen de fragmentos de materiales preexistentes. Ciertas **calizas** se forman a partir de los restos de conchas y arrecifes de coral. Suelen estar llenas de fósiles, y son apreciadas para la construcción. Fuentes termales y géiseres depositan **toba calcárea** en extrañas formas. La **caliza nummulítica** contiene fósiles nummulites, pero algunas rocas sedimentarias están compuestas solo por fósiles calcáreos. La **tiza** está formada de microscópicos fósiles de cocolitóforos (cocolitos), restos de algas y plancton. Aunque diminutos, sus restos se

Concreción con septario

Fisuras llenas de minerales en rocas de forma esférica llamadas concreciones

Color rojo debido al óxido férrico de la hematita

Marga roja

Dolomía

Tiza

De textura fina a media

Corteza desgastada

Las concreciones están formadas por **minerales** depositados entre granos de roca.

Pisolito calizo

Nódulo de pedernal

Bordes afilados usados en la Edad de Piedra para crear herramientas

Bolas de carbonato cálcico como guisantes

Piedra de hierro con bandas

Bandas alternadas de minerales de óxido férrico y esquistos arcillosos

acumulan hasta constituir acantilados. Los mares tropicales, cálidos y poco superficiales, redondean los minerales calcáreos que forman los **pisolitos calizos**. Las **concreciones** consisten en masas redondeadas que se forman cuando las aguas que circulan entre las rocas sustituyen los cementos, uniendo los granos sedimentarios. Las rocas sedimentarias químicas se dan cuando minerales disueltos se forman en el agua como granos sólidos. Este proceso crea las bandas rojizas de la **piedra de hierro**. El **pedernal** se forma en duros nódulos con afilados bordes si se rompen.

Areniscas

El Buda de cuatro caras, en Phnom Penh (Camboya), es de arenisca

Estatua de Buda

Color rojizo
debido al óxido férrico

Roca de arenisca

Grano redondeado

Formada por arena barrida por el viento

Arenisca roja

Arenisca del desierto

Elefantes de arenisca custodian la entrada de la mansión Nathmal ki Haveli, en India

Arenisca verde

El color amarillo procede de la mezcla de cuarzo blanco y goethita

Arenisca amarilla

Estatua de elefante

El verde se debe a la presencia de mica glauconita

Cuenco tradicional de arenisca amarilla, de Jaisalmer (India)

Cuenco de arenisca amarilla

Un puñado de arena no es una roca sedimentaria. La arena se convierte en roca cuando los granos se unen con un cemento mineral como el sílice o el carbonato cálcico. La clásica arenisca es de color tostado, pardo o amarillo.

Las areniscas se forman a partir de fragmentos de otras rocas, y se componen sobre todo de cuarzo y feldespatos. Su color depende del tipo de cemento: el de la **arenisca roja** contiene óxido férrico, y las **areniscas verdes** contienen mica glauconita (verdosa). La **arenisca** del desierto

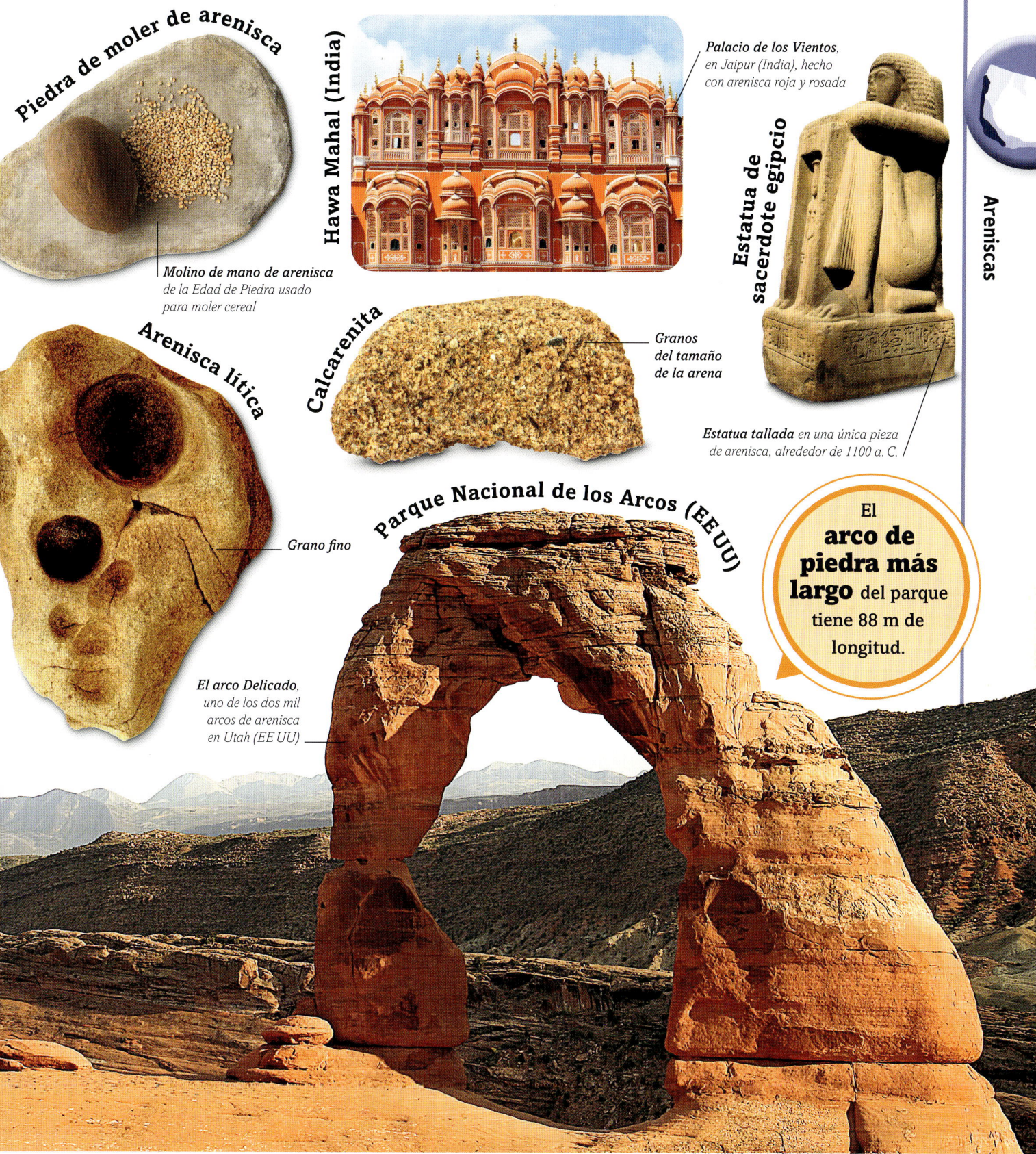

Piedra de moler de arenisca

Molino de mano de arenisca
de la Edad de Piedra usado
para moler cereal

Hawa Mahal (India)

Palacio de los Vientos,
en Jaipur (India), hecho
con arenisca roja y rosada

Estatua de sacerdote egipcio

Arenisca lítica

Calcarenita

Granos
del tamaño
de la arena

Grano fino

Estatua tallada en una única pieza
de arenisca, alrededor de 1100 a. C.

Parque Nacional de los Arcos (EE UU)

El arco Delicado,
uno de los dos mil
arcos de arenisca
en Utah (EE UU)

El **arco de piedra más largo** del parque tiene 88 m de longitud.

puede ser áspera o de grano fino, mientras que las **líticas** contienen muchos fragmentos de roca muy mezclados. La **calcarenita** es un tipo calcáreo (calizo) de arenisca, con grano del tamaño de la arena. La arenisca es fácil de tallar y se emplea para ornamentos y adornos de edificios, y ha sido un material popular en la talla de estatuas. Sin embargo, su uso más habitual es como sillar en construcciones. Algunos de los edificios más famosos del mundo, como el palacio **Hawa Mahal**, en Jaipur (India), están hechos de bloques de arenisca.

MONTAÑAS IRISADAS
Estas montañas como de caramelo a franjas pueden parecer una ilusión óptica, pero en realidad consisten en piedra arenisca, acumulada capa sobre capa de piedra gris azulada, magenta, marrón y amarillo limón. Son una de las formaciones geológicas más bellas de China, parte del Parque Geológico Nacional Zhangye Danxia, en la provincia de Gansu, en el norte central del país.

Las areniscas de Gansu se depositaron hace unos 80 millones de años. Originalmente, los sedimentos se habrían depositado en los lechos de ríos y lagos, formando capas horizontales superpuestas. Sin embargo, poderosos cambios sucedían en el sur, a medida que el subcontinente indio se hundía bajo la placa euroasiática, arrugando y empujando la corteza para crear el Himalaya. Hace unos 23 millones de años, esta presión levantó los lechos de arenisca de la actual China y los depositó de lado. La lluvia y el agua los erosionaba, y creaban las colinas. Este proceso de desgaste creó espectaculares colores cuando diferentes minerales de la arenisca reaccionaron de distintos modos. El resultado final es un paisaje sorprendente y único.

Rocas del espacio exterior

Meteorito de Hoba

Esta enorme masa de hierro se estrelló en Namibia hace 80 000 años

Meteorito de hierro

Patrón mineral entrelazado de cristales de hierro-níquel

Esta roca cayó a la Tierra hace unos 13 000 años

Mezcla hierro-níquel resistente al desgaste

Meteorito marciano

Acondrita

Roca procedente de la superficie de un asteroide

Formado al estrellarse en la Tierra un meteorito de gran tamaño

Tectita pulida

Moldavita verde formada en impactos de meteoritos

Meteorito rocoso-metálico

Tectita

Anillo de meteorito

Meteorito tallado para joyería

Si miras el cielo de noche, puede que veas una estrella fugaz. Más de cien toneladas de polvo y fragmentos rocosos procedentes del espacio arden cada día. Se calientan al atravesar la atmósfera terrestre, y la mayor parte dejan un rastro de luz al incendiarse.

Algunas rocas espaciales, llamadas meteoroides, entran en la atmósfera y arden, creando un rastro de luz llamado **meteoro**. Los meteoroides que llegan a la Tierra se denominan **meteoritos**. Hay tres tipos de meteoritos: **metálicos**, **rocosos** y **rocosos-metálicos** (mixtos). Los metálicos son

Condrita

Grano redondeado
de silicato

Roca lunar

Las lluvias de meteoros se dan
cuando una nube de residuos dejados
por un cometa choca con la atmósfera

Fragmento rocoso
arrancado de la
Luna por impacto
de un meteorito

**Estatua del
Hombre de Hierro**

Masa gris de
hierro-níquel

Cuentas hechas con
hierro de meteorito

La
mayoría de los
meteoroides
tienen unos **4500
millones de
años**.

Estatua tallada
en el meteorito
Chinga, que cayó
en la Tierra hace
unos 15 000 años

Cuentas gerzenses

Interior opaco
compuesto sobre
todo de minerales
de olivino y
piroxeno

Meteorito rocoso

COMETA 67P

4000 m

3776 m

Cometa 67P   Monte Fuji

Cazar rocas espaciales
Este cometa de 4 km de longitud es más
grande que el monte Fuji, en Japón. Una
sonda espacial aterrizó en él en 2014. Fue
el primer aterrizaje de ese tipo en la historia.

de hierro casi puro, mezclado con níquel. Con 60
toneladas, el **meteorito Hoba**, caído en Namibia,
es el mayor conocido. Se cree que las **cuentas
gerzenses**, creadas por los antiguos egipcios,
están hechas de hierro de meteorito, pues en
aquella época no disponían de las técnicas

necesarias para separar el hierro de su mineral.
Los meteoritos llegados de Marte se llaman
meteoritos marcianos. Los rocosos-metálicos
son los más comunes, y proceden de cerca de
los núcleos de grandes asteroides. Acondritas y
condritas son dos tipos de meteoritos rocosos.

CRÁTER DE IMPACTO

El Gosse Bluff es un inmenso cráter por impacto de meteorito en el desierto central de Australia. Conocida por su nombre aborigen «Tnorala», esta cicatriz en el paisaje da fe del momento en que un gigantesco objeto procedente de los cielos impactó con la superficie de la Tierra. Curiosamente, la explicación científica y la explicación aborigen del origen del cráter son muy similares.

Según la historia tradicional aborigen, en los albores del tiempo, un grupo de mujeres danzaba por el cielo, creando con sus giros y pasos la Vía Láctea. Una de las madres puso a su bebé en una cuna, pero esta cayó del cielo y se estrelló contra la Tierra, creando el hueco de Tnorala, rodeado por un círculo de paredes de piedra.

Los científicos creen que, hace unos 143 millones de años, un meteoroide procedente del espacio ardió y colisionó con nuestro planeta, y que el impacto creó un cráter de 20 km de diámetro. Hoy en día, solo la parte central de este enorme cráter permanece en medio del desierto, y alcanza los 5 km de diámetro.

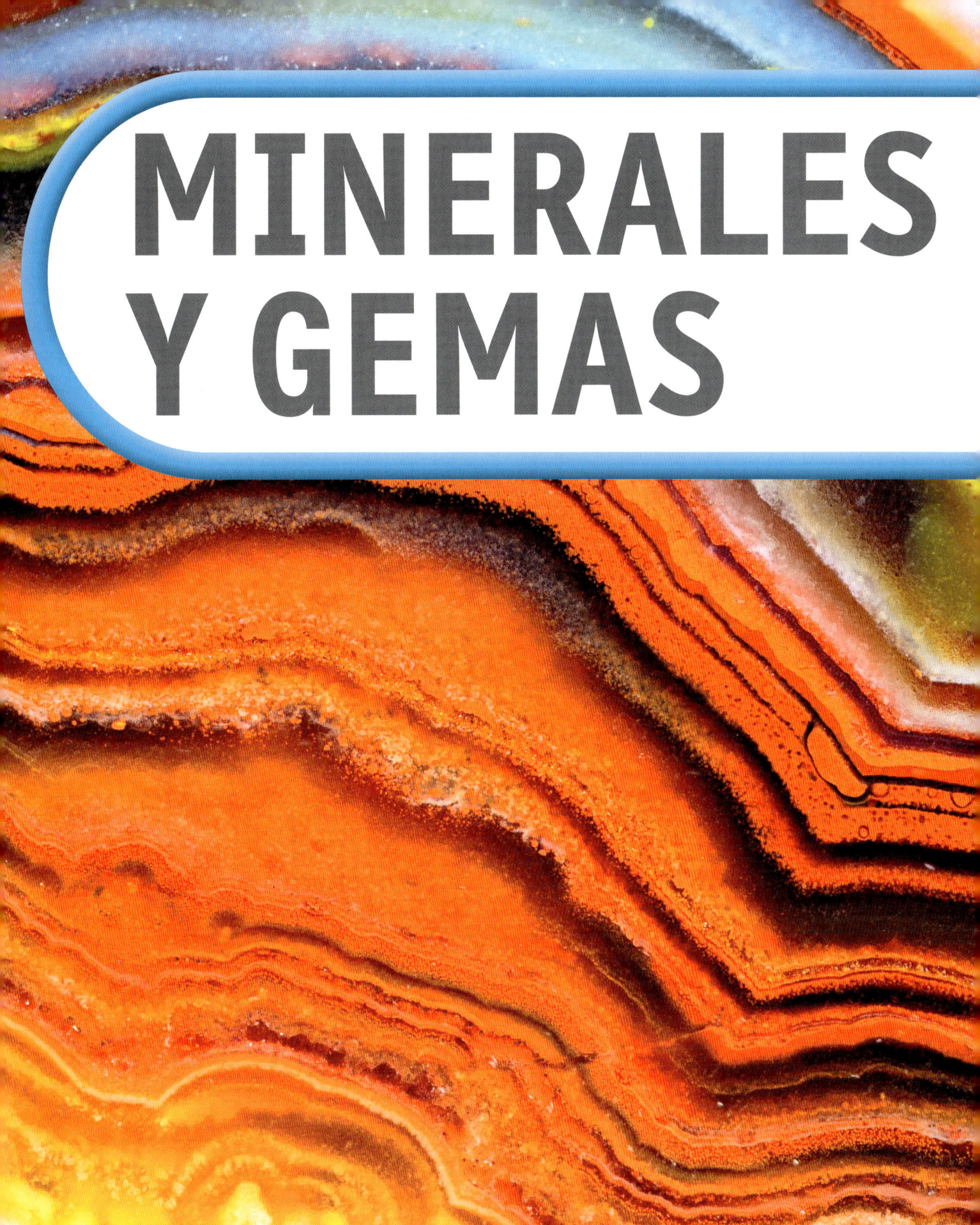

MINERALES Y GEMAS

Minerales y gemas

Minerales naturales ›
Los minerales son sólidos que se encuentran en la naturaleza. Algunos forman cristales cuando la roca fundida se enfría; otros cristalizan partiendo de fluidos cargados con minerales disueltos que se cuelan entre las rocas.

Los minerales son los ladrillos básicos de la Tierra sólida. Todas las rocas están formadas por diminutos granos minerales. Cada mineral posee una fórmula química única, y se puede identificar por su forma cristalina (llamada hábito), su color, su dureza, el brillo de su superficie (lustre) y el modo en que se rompe o exfolia. Las gemas son cristales tallados y pulidos. Son piedras muy valoradas por su belleza y su rareza.

Amatista

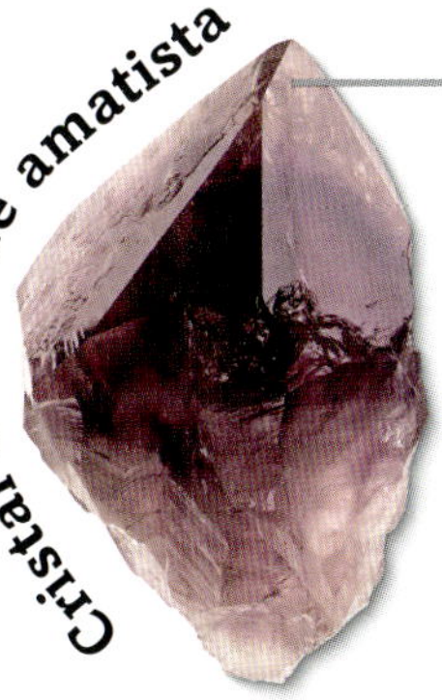

Cristal único de amatista

Cristal mineral ❯ Una composición química definida y una disposición interna ordenada de átomos dan a los minerales las caras planas y los afilados bordes de los cristales.

Amatista oval, talla mixta

Talla de gemas ❯ Las gemas son cristales excepcionalmente bellos que se tallan y pulen para mejorar su aspecto.

Profundo color púrpura debido a trazas de hierro y radiación

Base de ágata

Sistemas cristalinos

Podemos dividir los cristales en seis grupos basándonos en su forma.

Tetragonal
• Poseen tres ejes de simetría, en ángulos rectos, dos de ellos de igual longitud.

Ortorrómbico
• Similar al sistema monoclínico pero con los tres ejes en ángulos rectos. Sus hábitos son tabular y prismático.

Monoclínico
• Poseen tres ejes desiguales de simetría, solo dos de ellos en ángulos rectos. Las formas tabular y prismática son comunes.

Trigonal/hexagonal
• Ambos sistemas son similares, con cuatro ejes de simetría. Sus cristales suelen tener seis lados y extremos en pirámide.

Cúbico
• Son comunes y fáciles de reconocer. Tienen tres ejes en ángulo recto y sus formas poseen cuatro u ocho lados.

Triclínico
• Poseen un bajo grado de simetría, pues sus tres ejes son desiguales en longitud y no están en ángulo recto.

QUILATES

Un quilate (ct) es la medida estándar de masa de las piedras preciosas y los metales. Un quilate equivale a 0,2 g. Como medida de pureza del oro, en cambio, un quilate (k) es 1/24 de la masa total de la aleación; es decir, el oro puro posee 24 quilates.

Minerales nativos

Platino

Las pepitas de platino son raras

Antimonio

Lo quebradizo del antimonio le da una textura escamosa

Hierro

Meteorito rocoso con níquel-hierro

Azufre

Cristales amarillos característicos

Lustre intenso y blanquecino

Anillos de platino

Se añade **mercaptano**, con **azufre**, al suministro de gas para detectar fugas.

La mayoría de los minerales tienen dos o más elementos unidos. Sin embargo, un pequeño número de ellos no se mezclan con nada, y se hallan en su estado natural o «nativo». Algunos de estos minerales son metales muy valiosos.

El **oro** es el metal más apreciado de todos; es tan poco reactivo que suele hallarse en forma relativamente pura. Se emplea para crear joyas o monedas, así como numerosas aplicaciones industriales. El **platino** suele hallarse en su forma metálica, en aleaciones. Se usa en la elaboración

Cobre

Tetera de cobre

*El **cobre** se puede moldear fácilmente para hacer recipientes, como esta tetera*

El cobre cristalino tiene un característico color marrón rojizo

GIGANTES DE COBRE

Mayores productores de cobre
El cobre es uno de los metales más importantes, y se halla en vetas en todo el mundo. En 2014, Chile fue el máximo productor de cobre.

Valores en miles de toneladas

5800
1614
1368
1339
961

Leyenda
- Chile
- China
- EE UU
- Perú
- Australia

Forma cristalina del carbono

Diamante

Las minas de los lápices son de grafito blando

Mina de lápiz de grafito

Grafito

Bismuto

Cristales brillantes en forma de bloque

El arsénico es **muy venenoso** para los **humanos**.

Blando y grasiento al tacto

La forma (o hábito) del mineral de arsénico es botroidal, como un racimo de uvas

Oro

Arsénico

Plata

Pepita de unos 2,5 kg

La plata nativa puede parecer un amasijo de cables retorcidos

de joyas. El **cobre** y la **plata** se suelen hallar mezclados con otros minerales. El **hierro** nativo se encuentra en depósitos de mineral de hierro o llega a la Tierra en meteoritos. Los cristales de **azufre** nativo, de color amarillo brillante, se hallan cerca de volcanes y fuentes termales. Se emplean en la producción de ácido sulfúrico, uno de los productos químicos industriales más importantes. El carbono nativo se encuentra en dos formas: el **diamante** es el mineral más duro conocido, mientras que el **grafito** es un mineral blando y graso con muchas utilidades.

Oro

Finos detalles en un collar escita del siglo IV a. C.

Antiguo collar de oro

Cristales de oro

Diminutos cristales

Granos de oro

Pepita de oro

Masa sólida

Los granos tienen entre 1 y 4 mm de espesor

Máscara funeraria de Tutankamón

Placas lisas de oro

La máscara funeraria de este faraón egipcio ha mantenido su suave brillo durante más de tres mil años

Finas escamas de oro con roca de cuarzo incrustada

El oro es el mineral más buscado por el ser humano. Su belleza y escasez son las que le dan valor. El oro mantiene su suave brillo amarillo porque no se corroe ni se mancha con facilidad.

Aunque algunos afortunados encuentran **pepitas** o **cristales** de oro, la mayoría se halla en forma de escamas o **granos** en el limo de los ríos, procedente de rocas. Se extrae mediante «bateo», que consiste en pasar limo del río por un tamiz. A lo largo de la historia, el hallazgo de tan solo

Monedas de oro

Soberanos británicos (una moneda antigua)

La **pepita de oro más grande** jamás hallada pesaba 71 kg.

UN RECURSO ESCASO

Con todo el oro extraído en la historia se podría crear una bola maciza de 24 m de diámetro, la longitud de una cancha de tenis.

La búsqueda de oro
Se calcula que, a lo largo de la historia, los humanos hemos extraído 183 600 toneladas de oro, un 80 por ciento de las reservas estimadas de la Tierra.

Intrincado diseño hecho con pan de oro

Pan de oro

Copa de oro ceremonial de la cultura chimú (1100-1470), en el actual Perú

Copa chimú

Medalla de oro

Cabeza de carnero grabada en oro

Sello medieval

Medalla de los Juegos Olímpicos de 1972

Lingote de oro

Capa de oro ultrafina en el visor

Partes de satélite

Visor de astronauta

Barras de oro macizo de 1 kg

Cobertura de oro

una pequeña cantidad de oro podía disparar una fiebre colectiva. Durante siglos se ha usado como reserva de riqueza: en forma de **joyas**, **monedas** o **lingotes**. Una **medalla de oro** olímpica como esta de los Juegos Olímpicos de Múnich (Alemania Occidental) del año 1972, está compuesta en un 92,5 por ciento de plata, con un fino baño de 6 gramos de oro. Una fina capa de oro en el **visor del astronauta** proporciona protección contra el brillo y el calor del sol. Se usa tejido de oro para cubrir los **satélites**, pues refleja la radiación.

Plata

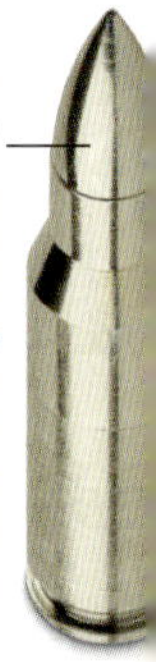

Las balas de plata se usan como amuletos

Bala de plata

Escena de caza grabada en plata

Placa de plata

Mineral de plata

Las flautas plateadas no se manchan fácilmente

Hilos retorcidos de plata nativa

Flauta bañada en plata

Plata pulida para ofrecer un lustre blanquecino y metálico

Masa de roca rica en cuarzo

Botella para agua

Cristal de plata

Cobre

Partículas de cloruro de plata fotosensibles bañan la película de plástico

Corte de plata y cobre

Película fotográfica

La plata es un metal precioso claro y de hermoso brillo. Se halla en la corteza tanto en forma mineral como en su forma pura. Se ha extraído desde la antigüedad. A diferencia del oro, sus pepitas son extremadamente raras.

Aunque la mayor parte se encuentra en forma mineral, la plata nativa puede formarse como cristales e **hilos** retorcidos. Es muy apreciada como metal decorativo, y se usa para hacer joyas y **monedas**. Los antiguos tetradracmas griegos y denarios romanos son piezas de colección muy

Plata nativa

Placa solar

Diseño repujado para espejo

Espejo de plata

La pasta de plata conduce la electricidad obtenida en los paneles solares

Cristal de plata pura

Pan de plata comestible en dulces

Funda de plata para proteger las uñas

Alambre de plata

Protector de uñas

«Dedos» retorcidos de alambre de plata

Dulces indios (mithai) *cubiertos con* **vark** *(pan de plata)*

Un millón de **teléfonos móviles** contienen unos **350 kg** de plata.

PLATA ESTERLINA

92,5 % plata

7,5 % cobre, cinc o platino

Aleación popular
Las joyas y cuberterías suelen estar hechas con plata esterlina (o plata de ley 925), una aleación de plata (92,5 %) y cobre, cinc o platino (7,5 %), que es menos maleable.

Moneda de plata

Pintura de plata usada en circuito electrónico

Placa de circuito

Antigua moneda **griega**, *del siglo v a. C.*

valoradas. Instrumentos musicales como **flautas** y trompetas, están hechos de aleación de plata o metal bañado en plata. Según la leyenda, las **balas de plata** matan hombres lobo, pero, pese a su mítico poder, este metal es demasiado caro para hacer balas. Antaño, fue un ingrediente activo de la **película fotográfica**. El vark, un **pan de plata** de micrómetros de espesor, se usa a veces como cobertura para dulces y otros comestibles. La plata es un conductor natural de la electricidad, y se emplea en **placas de circuitos** impresos y **paneles solares**.

Diamante

Bort

Fragmento de diamante irregular y con grano

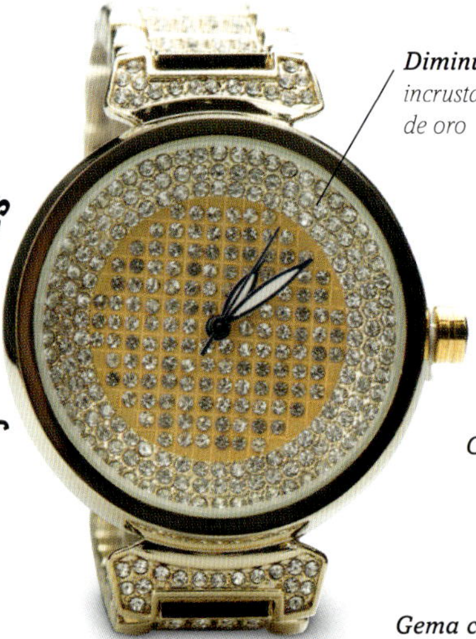

Diminutos diamantes incrustados en un reloj de oro

Reloj de oro y diamantes

Cristal de ocho caras (octaedro) de color amarillo

La talla redonda maximiza el brillo

Diamante blanco, talla redonda

Gema cuadrada, tallada con esquinas redondeadas

Disco de corte

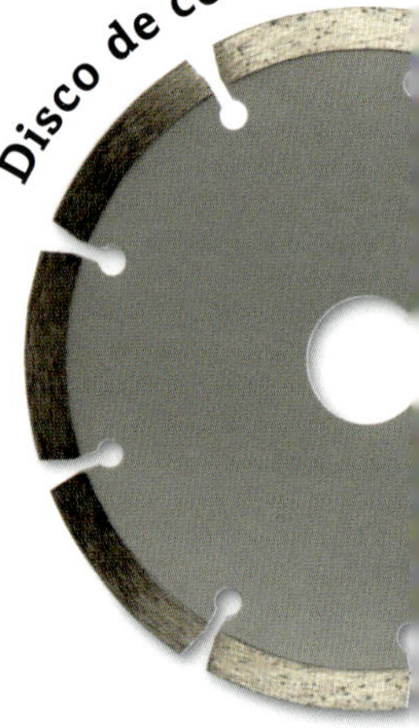

Diamante amarillo, talla cojín

El gran hoyo de la mina Mir (Paz) tiene 525 m de profundidad

Las facetas **triangulares** *(en cometa) hacen que la gema brille y reluzca*

Diamante marrón

Diamante blanco

Diamante marrón tallado

Mina de diamantes Mir (Rusia)

El diamante es el material más duro conocido. Es lustroso, brillante y resistente a golpes y arañazos. Los diamantes se forman en el manto del planeta, a 140-190 km bajo tierra. Forman hermosas gemas, muy deseadas.

Los diamantes son tan preciosos que se emplean casi exclusivamente en joyería: incrustados en **relojes**, en **pendientes** o en **anillos**. La mayoría son amarillentos debido a impurezas de nitrógeno y otros defectos. Los puros son transparentes. Una de las gemas más famosas, el **diamante Hope**,

Collar de diamantes

Diamante en forma de pera

Cortador de vidrio

Pequeño diamante en la punta del cortador

Diamante en bruto incrustado en kimberlita

Anillo de diamantes

Diamante en racimo, en un anillo de compromiso

Pendientes de María Antonieta

Grandes diamantes en pera que pertenecieron a la reina francesa

El diamante **Koh-i-Noor** se volvió a tallar en 1852 para obtener **105,6 quilates**.

Diamante Hope

Color azul debido a pequeñas cantidades de boro

Diamantes incrustados en los bordes de un disco de corte

El diamante en polvo sirve para cortar gemas

Herramientas con diamante en la punta

Diamante Koh-i-Noor

Corona de la Reina Madre

GEMA GIGANTE

Diamante Cullinan

10 cm

Batiendo récords
El diamante Cullinan, hallado en 1905 en Sudáfrica, era el doble de grande que cualquier otro diamante que se hubiera encontrado. Se partió en nueve piezas grandes y 96 más pequeñas.

es de un bello azul profundo. No todos los diamantes son preciosos. El **bort** es un diamante de tipo industrial, no una gema, que se emplea en **discos** y **herramientas de corte** y pulido. Los diamantes llegan a la superficie arrastrados por roca fundida en erupciones volcánicas especiales que se originan en las profundidades. También se encuentran incrustados en ciertos tipos de roca ígnea. Se pueden excavar los yacimientos de estas rocas. También se hallan en depósitos de gravilla de los lechos fluviales, donde el agua erosiona la roca que los envuelve.

53

Cobre

Cristal de cuprita

Cuprita

Cristales de cobre puro, similares a dedos

Esta estatua de bronce de Pedro I, en San Petersburgo (Rusia), reposa sobre la que se cree la roca más grande jamás movida por humanos

Jinete de bronce

Calcopirita

Cristales generalmente en forma triangular

Cobre nativo

El cobre es maleable con ayuda de un martillo

Malaquita

Jarra de cobre

Anillos de crecimiento en una estalactita de malaquita

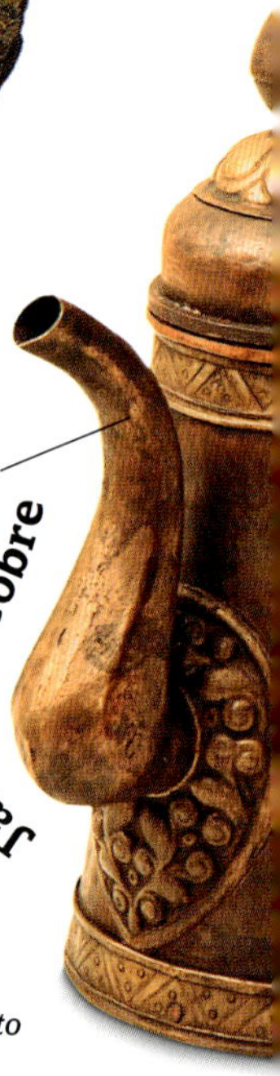

CRISTAL DE COBRE

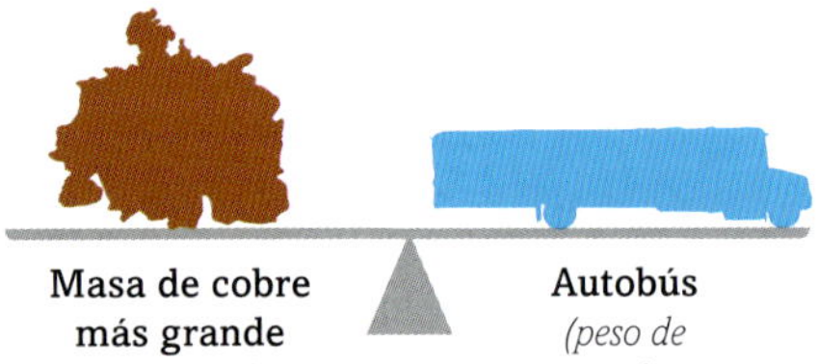

Masa de cobre más grande
(420 toneladas)

Autobús
(peso de 42 autobuses: 420 toneladas)

Gigante de cobre
El trozo de cobre nativo más grande conocido se halló en Míchigan (EE UU), en 1857. Pesaba 420 toneladas, como unos 42 autobuses escolares.

Cascabeles de bronce

El cable transporta corriente eléctrica

El brillante bronce es una aleación de cobre y cinc

Cable de cobre

El cobre es un elemento metálico que se usa desde la antigüedad. Blando y dúctil, este metal se combina en toda una gama de útiles aleaciones con otros metales. Es un excelente conductor de electricidad, y se usa para transportar corriente eléctrica.

Este metal rojizo se encuentra como mineral nativo o se extrae de muchas menas. La **malaquita** fue la primera mena de cobre excavada. Aunque el óxido mineral **cuprita** contiene mucho más cobre, era más fácil extraerlo de la malaquita. La **calcopirita** es hoy en día la mena más importante. Aunque

Casco de bronce

Gálea (casco) de un gladiador romano

Bobina de motor eléctrico

Barras de cobre

Tuberías de cobre

Afilada punta de bronce

Tubos para llevar agua a los hogares

Cardenillo verde que se forma en las superficies de cobre

Punta de lanza, Edad de Bronce

Disco celeste de Nebra

Disco de bronce con motivos de estrellas, del Sol y de la Luna incrustados en oro

Gran cristal de calcosina

Calcosina

Estatua de la Libertad

Para fabricar la estatua se usaron **91 toneladas** de cobre en láminas.

Moneda de cobre

Moneda de cinc bañado en cobre

posee menos cobre, existe en grandes depósitos, y el cobre es fácil de extraer. El cobre, mezclado con estaño, da bronce. Descubierto alrededor de 2500 a. C., el bronce es más duro que el cobre. En la Edad de Bronce se lo usaba para hacer espadas, **cascos** y **lanzas**. El **disco celeste** hallado en Nebra (Alemania), es un mapa celeste de bronce de 3600 años de antigüedad. Hoy en día, el cobre se usa en tejados, **tuberías**, **cables**, componentes electrónicos, motores y **monedas**. La **Estatua de la Libertad** es la mayor estatua de cobre del mundo.

ENORME MINA
En la minería a cielo abierto, se retira la tierra que cubre un depósito de menas y se excava una inmensa garganta en el terreno para extraer las rocas con el preciado mineral. Esto crea algunos de los hoyos más grandes excavados por humanos; algunos, visibles desde el espacio. Para limitar el peligro de desprendimientos se crean terrazas en las paredes de las minas.

La mina Morenci, en Arizona (EEUU), inaugurada en 1872, es una de las minas de cobre más grandes del mundo. Se estima que en estas colinas hay unas reservas de 3200 millones de toneladas de cobre, en depósitos de pórfido cuprífero. La excavación se realiza a escala gigantesca. La dinamita desprende las empinadas laderas, liberando capas enteras de roca. Entonces, gigantescas excavadoras de rueda de cangilones devoran grandes trozos de tierra y piedra, que cargan en enormes camiones. Se llevan la mena de cobre a un molino, donde se la convierte en fino polvo. La mina produce más de 380 000 toneladas de cobre al año, y da trabajo a unas 2000 personas.

Sulfuros

Lustre metálico de los cristales de molibdenita

Molibdenita

Anillo con incrustaciones de cristales de pirita

Anillo de pirita

Base de tiza

Cristales de color amarillo plateado

Marcasita

Lingote de cobre

Cobre puro extraído fundiendo mena de cobre en un horno

Galena

Cristal cúbico

Mena de cobre

GALENA GIGANTESCA

25 cm

25 cm

Cristal colosal
El mayor cristal de galena conocido es un cubo de 25 cm de lado. Se halló en la gran mina de Laxey, en la isla de Man (Reino Unido).

Calcopirita amarilla

Los sulfuros, que son algunas de las menas más importantes, son un grupo de minerales generalmente oscuros y densos compuestos por azufre y metales. No suelen dar buenas gemas, al ser demasiado blandos.

La **galena** es un sulfuro mineral típico. Blando, brillante y pesado, este sulfuro forma cristales, o bien cubos (de seis lados), o bien octaedros (ocho lados). Es una de las principales fuentes de plomo, y se suele hallar junto a otras menas, como las de marcasita, **pirita**, **calcopirita** y

Cristales formados en finas láminas

Covellina

Cristales en octaedro

Hauerita

Cristales hexagonales (de seis lados) con lustre como el del bronce

Millerita

Base de calcita

Calcopirita con cristales de cuarzo

Pirrotina

Las agujas de la millerita, de color amarillo, contienen níquel

Cristal de cuarzo, transparente

Cinabrio

Cristal metálico de calcopirita

Bornita púrpura, oxidada

Calcosina

El cobre es el **tercer metal más usado** por las industrias en el mundo.

Mineral formado en granos

Color gris plomizo

esfalerita. La marcasita, una mena de hierro, comparte composición con la pirita, pero su estructura es diferente. El **cinabrio** es un raro sulfuro de brillantes colores. Es la principal mena de mercurio, y a veces libera cuentas de metal líquido. La **covellina**, de color añil, es una mena de cobre, hallada por vez primera en el volcán Vesubio, en Italia. La **mena de cobre** púrpura, también llamada «pavo real mineral», es una mezcla de bornita y calcopirita que puede formar la **calcosina**, otra mena que posee el máximo contenido de cobre de, quizá, todos los sulfuros.

59

Pirita

Cristales cúbicos

Masa rocosa

Regadera

Hecha de cinc, que procede de la esfalerita

La esfalerita es la mena **más habitual** del **cinc**.

Raro cristal prismático de rejalgar

Esfalerita

Cristales como agujas

Cara cristalina con surcos verticales

Proustita

Cristal de color dorado oscuro

Dolomía blanca

Cristales color rojo rubí

Algunos sulfuros se disfrazan de otros minerales y es fácil confundirlos. La **pirita** es el más famoso: también se lo llama «oro de los tontos» o «de los pobres», porque su deslumbrante brillo puede convencer a los incautos de que han hallado oro. Sin embargo, el oro de los tontos no contiene oro, sino hierro y azufre. Es más duro y quebradizo, y mucho menos denso. También la **esfalerita** puede engañar. Este mineral presenta varias formas diferentes, y contiene cinc. Rara vez se usa la **niquelina** como fuente de níquel, pues suele contener venenoso arsénico. Al **rejalgar** se lo

Rejalgar

Glaucodotita

Masa de cuarzo

Bournonita

*Cristal prismático
afilado con lustre
metálico*

*Cristal prismático
que contiene cobalto,
hierro y arsénico
con azufre*

Tennantita

Oropimente en polvo

Pirargirita

*El pigmento
dorado se llama
«amarillo real»*

Jamesonita

Cristales de color
gris acero

Zonas de lustre
cobrizo

Oropimente

*Masa
rocosa*

*Cristales
prismáticos
oscuros,
por parejas*

Niquelina

Estibina

El lustre de su
superficie le da
apariencia de resina

*Cristales prismáticos
largos y llenos de surcos*

En alemán
antiguo se
llamaba *Kupfernickel*
(«**níquel cobre**»)
a la niquelina,
pero no contiene
cobre.

llama a veces «rubí azufre», y es un mineral
blando que se deshace fácilmente. Su principal
cómplice es el **oropimente**. Ambos se forman
en chimeneas volcánicas, se usaban en la
antigüedad para pigmentos y contienen arsénico.
La **estibina**, a veces asociada con el rejalgar

y la galena, es la principal mena del metal
antimonio. Las sulfosales son un raro grupo
de minerales que contienen un metal y un
semimetal, como el arsénico. La **proustita**,
también llamada «rubí de plata», y la **pirargirita**,
son importantes fuentes de plata.

Pirita

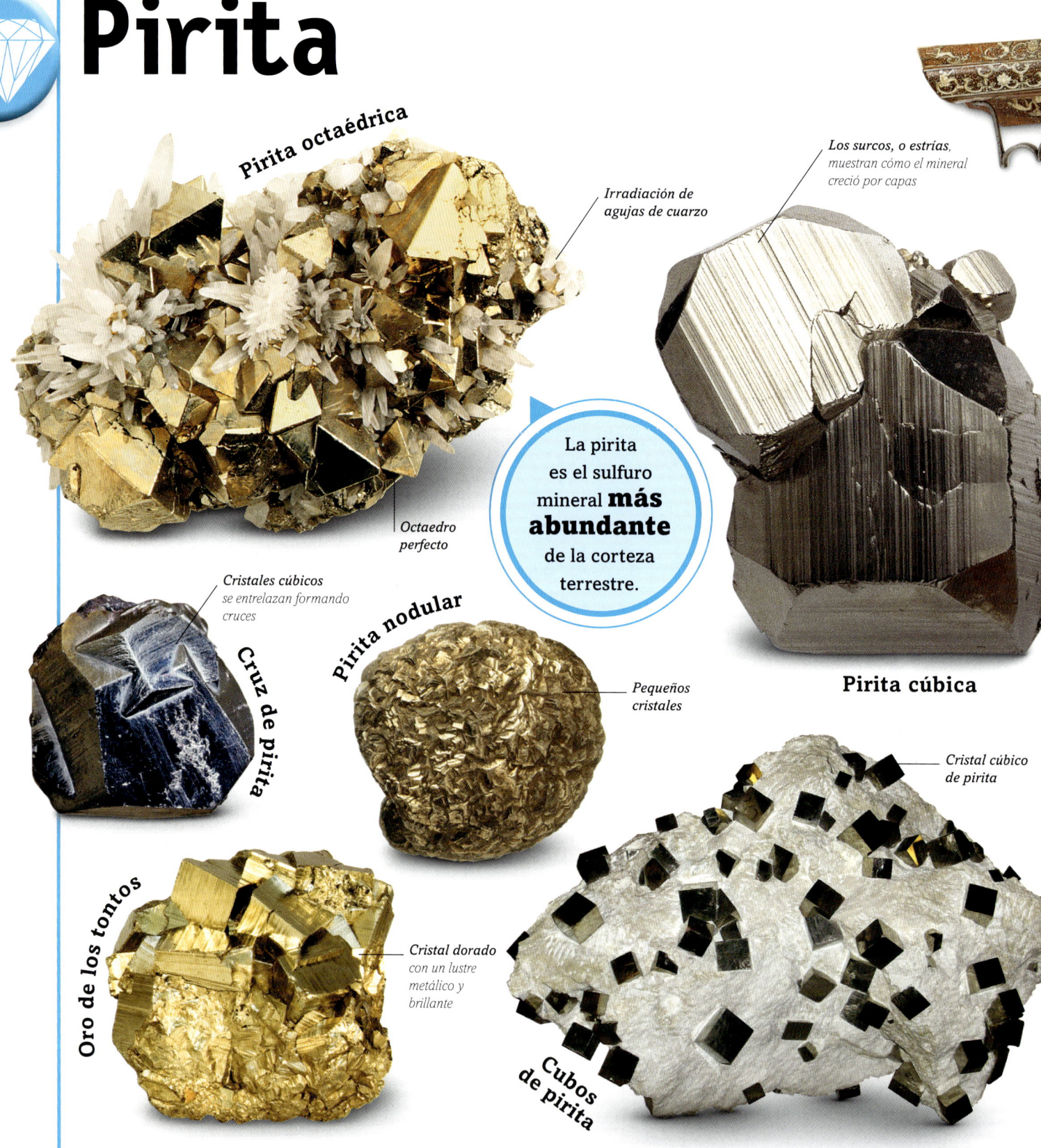

Pirita octaédrica

Irradiación de agujas de cuarzo

Octaedro perfecto

Cristales cúbicos se entrelazan formando cruces

Cruz de pirita

Pirita nodular

Pequeños cristales

Oro de los tontos

Cristal dorado con un lustre metálico y brillante

Los surcos, o estrías, muestran cómo el mineral creció por capas

La pirita es el sulfuro mineral **más abundante** de la corteza terrestre.

Pirita cúbica

Cristal cúbico de pirita

Cubos de pirita

La pirita es un engañabobos brillante. Si te descuidas, te convencerá de que has encontrado oro. Sin embargo, la pirita no te hará rico. No contiene nada de valor, excepto, quizá, algo de hierro.

La pirita obtiene su nombre de la palabra griega *pyr* (fuego), porque la pirita emite chispas si se la golpea con hierro. Sus cristales dorados son conocidos como «**oro de los tontos**» por su poder para embelesar. Sin embargo, es fácil diferenciar entre el precioso metal y este barato

Arcabuz de llave de rueda

Mecanismo de disparo que usa un trozo de pirita

Fósil de amonites, en pirita

La pirita fue uno de los primeros minerales que se extrajeron en ellas

Minas de Riotinto, Huelva (España)

La pirita sustituye los minerales de la concha en la fosilización

Ácido sulfúrico

Importante compuesto químico industrial fabricado con pirita

H$_2$SO$_4$ KO

Pirita dodecaédrica

Nódulos de pirita

Masa dura y esférica

Discos solares de pirita

Irradiación de cristales en un nódulo de pirita

Las facetas son de diferentes tamaños, a diferencia de en un dodecaedro regular

sulfuro de hierro. La pirita es menos densa y más dura que el oro, y forma cristales cúbicos. Otra prueba consiste en rascar el mineral en una placa de rayado: la pirita deja un rastro de polvo negro verdoso, en lugar de escamas doradas. Además de cubos y **octaedros** (formas de ocho caras) la pirita forma cristales **dodecaédricos** (ocho caras). También forma **nódulos**, algunos de los cuales presentan irradiación de cristales. Se emplea para hacer **ácido sulfúrico** y, por su chispa al golpearla, se la usaba para encender pólvora en los **arcabuces de llave de rueda**.

63

Menas

Sus largos cristales prismáticos a veces forman agujas

Rutilo

Sal

La sal es una fuente de litio

Sus cristales rojos contienen mercurio

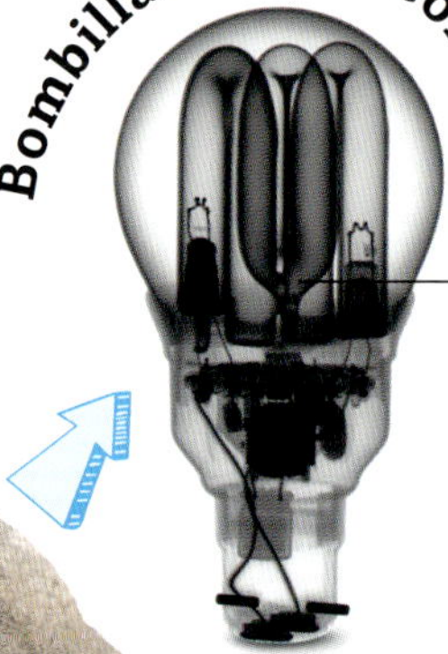

Bombilla de bajo consumo

La imagen de rayos X permite ver los tubos de vapor de mercurio

Cinabrio

El nombre «cinabrio» procede del término árabe para **«sangre de dragón»**.

Calcita blanca

LITHIUM ION BATTERY

Batería ligera y recargable

Batería de iones de litio

Granos minerales como guisantes en una masa de óxido de aluminio

Bauxita

Casiterita

Amarillo metálico con manchas como de bronce

Lustre apagado

Uraninita

Cristales prismáticos ricos en estaño

Las menas son minerales que contienen metales valiosos en cantidad suficiente como para extraerlas. Muchas de ellas son sulfuros u óxidos, es decir, contienen azufre u oxígeno. Las menas se extraen y se refinan para obtener los metales que contienen.

Se extraen importantes metales como hierro y cobre de sus menas en un proceso químico denominado fundición, que requiere altas temperaturas. Las tres principales menas de hierro son los óxidos hematita, **magnetita** e ilmenita. A menudo, el hierro se emplea

Bornita

Color cobrizo

Cobaltita

Cristales cúbicos
con brillo metálico

Magnetita

Fluorita

Zonas de color
púrpura y verde

Pentlandita

Racimo de
cristales negros
de magnetita

El niquelado es
más barato y duradero
que el cromado; la
pentlandita es una
gran mena de níquel

**Motocicleta
niquelada**

CAÑÓN DE BINGHAM

Mina del cañón de Bingham

1000 m

Edificio Empire
State

443 m

Mayor hoyo hecho por el hombre
La mina del cañón de Bingham, en Utah (EE UU),
es una mina de cobre a cielo abierto, de casi 1 km de
profundidad. Dos edificios como el Empire State, uno
encima del otro, no alcanzarían la parte alta del cañón.

convertido en acero para la construcción de rascacielos y puentes. A la **bornita**, una gran fuente de cobre, se la llama «pavo real mineral» por su aspecto irisado. El **rutilo** es una fuente de titanio, un metal duro y ligero empleado para partes de aviones, y que se añade al acero para reforzarlo. La **uraninita** se refina para obtener uranio, el metal que alimenta los reactores nucleares. La **bauxita** es la principal fuente de aluminio. Además de ser una fuente de flúor, la **fluorita** se usa en fundición para acelerar el proceso.

Óxidos

Microlita

Cristal que contiene tántaloc

Franklinita

Cristal negro de franklinita en masa de roca de calcita

Lustre metálico y brillante

Casiterita

Cristal octaédrico

Cuprita

Faceta de lustre brillante y pulido

Cristal formado como finas fibras

Pirolusita

El manganeso forma parte de las pilas alcalinas. La pirolusita es un mineral de manganeso común

Pilas de botón

Muchos minerales contienen oxígeno, pero los óxidos son los formados específicamente por uno o más elementos y oxígeno. A menudo, los óxidos son sorprendentes, yá que poseen algunas de las gemas más hermosas y deslumbrantes.

Muchos óxidos son importantes menas minerales porque contienen metales en sus cristales. La **cuprita** es una fuente de cobre, mientras que de la **uraninita** se extrae uranio. La **pirolusita**, la mena más común del manganeso, se forma en terrones y en cristales fibrosos. La **espinela** designa

Gahnita

Varlamofita

Cristales de
varlamofita

Cristal
octaédrico

Pirocloro

Cristal de óxido de
estaño «secundario»
formado por el desgaste

Rutilo

Agujas de rutilo
incrustadas en
«cuarzo rutilado»

Uraninita

Espinela

Óxido de uranio
amarillo

El **rutilo** es un mineral
de titanio habitual

Masa de cristales
color rojo

La
uraninita
es **muy
radiactiva**
y debe manejarse
con precaución.

Cristal tabular de brookita
en una masa de cristales
de albita

Brookita

Reloj de titanio

Los cristales
se forman en vetas
de roca metamórfica

Anatasa

Cristal de albita

tanto un mineral como a un grupo de más de
20 minerales; a menudo se la confunde con los
rubíes. El rubí del Príncipe Negro de la Corona
Imperial del Estado británica es en realidad
una espinela de 170 quilates (34 g). La **gahnita**,
rica en cinc, es una espinela roja grisácea; la

franklinita, rica en hierro, es negra. La
brookita, el **rutilo** y la **anatasa** son óxidos
de titanio de igual composición química pero
distinta disposición atómica. Los minerales
ricos en estaño son raros, y su única fuente
comercial conocida es la **casiterita**.

Figurilla tallada en un solo cristal de corindón

Buda de zafiro

Rubí prismático de Cachemira incrustado en masa rocosa

Corindón: rubí

Los mejores zafiros proceden de **Sri Lanka**, **Myanmar** e **India**.

Color distribuido irregularmente

Corindón: zafiro

Cristal negro de ilmenita

Ilmenita

Variedad zafiro del corindón en su forma en bruto

Crisoberilo

Nódulo de cromita

Cromita

GEMA QUE BATE RÉCORDS

56 mm de longitud

Zafiro Estrella Negra de Queensland

Huevo de gallina

Superzafiro
La Estrella Negra de Queensland, de 733 quilates (146,6 g), es el zafiro más grande del mundo.

El óxido de aluminio puede no parecer interesante, pero forma no menos de tres valoradísimas gemas. Las variedades rosa, clara y azul del corindón se conocen como **zafiros**, mientras que los **rubíes** son rojo sangre. Una tercera forma, rosa-anaranjada, la «padparascha»,

es incluso más rara. El **crisoberilo** es un óxido de aluminio que contiene berilio. Su variedad más rara (una gema llamada alejandrita) cambia de color bajo la luz eléctrica. La **cromita** es la fuente de cromo más abundante del mundo. Se usa para crear relucientes grifos, partes de automóviles y

Magnetita

Cristal octaédrico

Brújula china

Antigua brújula hecha con piedra de imán

Hematita trigonal

Cristal bien formado con lustre metálico

Magnetita (piedra de imán)

Limaduras de hierro atraídas por los fuertes campos magnéticos de la magnetita

Los cristales de perovskita parecen cúbicos, pero son un tanto irregulares

Perovskita

Mineral de riñón de hematita

Cincita color rojo profundo

Crecimiento irregular rojizo debido al óxido de hierro

Cincita

Cristal doble con forma afilada y lustre de vidrio

electrodomésticos cromados, y se añade al acero para hacerlo más duro. La cromita se da en capas sedimentarias o en nódulos erosionados en una roca. La **magnetita** es un óxido de hierro relacionado con la espinela. Es un mineral magnético y se lo llama **piedra de imán**.

La magnetita y la **hematita** son grandes menas de hierro, un ingrediente clave del acero. La **ilmenita** es otro mineral negro que se parece a la magnetita o la hematita. Es un óxido de titanio y hierro y una gran fuente de titanio, el maravilloso metal con mejor tasa de dureza/peso de todos.

69

Hielo

Los icebergs *flotan* en el agua, su forma líquida

Oso polar atrapado en un iceberg del Ártico

Glaciar Perito Moreno (Argentina)

Bloques de hielo se desprenden de los bordes del glaciar

Hielo cortado y cincelado a medida

Castillo de hielo en el lago Louise (Canadá)

Copo de nieve

Patrón simétrico de seis puntas

Castillo efímero construido sobre el lago congelado

Núcleos de hielo (en congelación)

Glaciar Hubbard, en Alaska (EE UU)

Iceberg

Un 90 por ciento del iceberg se encuentra sumergido

Tubos de hielo («testigos») almacenados para analizar

Río de hielo que fluye lentamente

Minerales son todos los sólidos con estructura cristalina definida, y el hielo es uno de los minerales más abundantes de la Tierra. Existe de modo natural en áreas muy frías, como en picos de montañas y regiones polares, o como granizo y nieve.

Como la mena de hierro, el hielo es también un óxido. Pero, a diferencia de otros óxidos, existe sobre todo en su forma líquida, como agua. Como sólido, se halla en forma de cristales (que forman **copos**, **glaciares** y casquetes glaciares), **témpanos**, granizo y escarcha. La mayor parte

Efecto halo

Anillo luminoso en torno al sol causado por cristales de hielo en la atmósfera

Témpanos

El agua de deshielo se vuelve a congelar en largas agujas

Iglú

Gran trozo de hielo que puede flotar durante semanas

Refugio temporal construido con bloques de hielo y cubierto de nieve

Escultura natural de hielo

Extrañas formas curvas creadas al derretirse el hielo por el sol

La temperatura en el **núcleo** de un iceberg puede llegar a los **–20 °C**.

GRANIZO GIGANTE

Pelota de tenis
6,8 cm

Granizo gigante
20 cm

Gran bola de hielo
El granizo más grande jamás visto cayó en Dakota del Sur (EE UU), en 2010. Medía 20 cm de diámetro, casi tres veces el tamaño de una pelota de tenis.

del hielo mundial está en los polos. La Antártida está cubierta por una capa de hielo de unos 2 km de espesor. Los científicos perforan el hielo para obtener muestras de núcleos de hielo tubulares, o **«testigos»**, que revelan cómo era la Tierra en el pasado. En invierno, la mayor parte del océano Ártico está cubierta por una capa de 3 a 4 m de espesor de hielo, pero en verano gran parte se funde y da lugar a **icebergs**. En la región ártica se pueden ver casas de nieve llamadas **iglúes**. Ríos de hielo llamados **glaciares** bajan por las montañas y crean valles en su avance.

BAJO EL HIELO
Un explorador se detiene para admirar una cueva de hielo. El agua de deshielo que fluye bajo el glaciar Muir, en el Parque Nacional de la Bahía de los Glaciares (Alaska), ha creado una cueva espectacular. No solemos pensar en el hielo como en un mineral, pero cumple todas las condiciones: se da naturalmente, no lo crean seres vivos, es sólido y tiene una disposición interna cristalina.

Existen vastos depósitos de hielo en los polos: en realidad, es uno de los minerales más comunes de la corteza terrestre. Los cristales de hielo de la nieve se compactan y comprimen hasta formar grandes masas de color azul claro. Sobre tierra firme, el hielo puede durar miles de años. En algunos lugares, los casquetes glaciares llegan a los 2 km de grosor. Muy pocos materiales duran para siempre, pero el hielo es especialmente inestable: se convierte en agua a más de 0 °C. En el Ártico se funde cada año una extensión de mar helado como Australia, pero cada inverno se congela. El aumento de temperaturas global funde los casquetes y vierte agua en los océanos, elevando el nivel del mar y alterando patrones climáticos.

Minerales fluorescentes

Wernerita

Willemita y calcita

Fluorescencia azul producida por el silicato de bario y titanio

*La **wernerita**, una forma común de la escapolita, brilla con un resplandor amarillo verdoso*

Benitoíta

El resplandor azul violeta se debe a la presencia de europio u otros elementos raros

Fluorita

Sodalita

La **benitoíta** se descubrió junto al **río San Benito**, en California (EE UU).

Masa rocosa

Escapolita

La sodalita tiene fluorescencia anaranjada

La escapolita tiene fluorescencia amarilla

Una piedra de mena de cinc es de color marrón, pero si apagas la luz y enciendes una bombilla ultravioleta, te sorprenderá con una gama de vistosos colores. Este fenómeno, conocido como «fluorescencia», es propio de los minerales fluorescentes.

Muchos minerales brillan en vívidos colores cuando se los mira con luz ultravioleta. Este efecto «fluorescente» recibe su nombre por la **fluorita**, el primer mineral en el que se observó, en 1852. Muchos minerales comunes cambian radicalmente de color bajo luz ultravioleta.

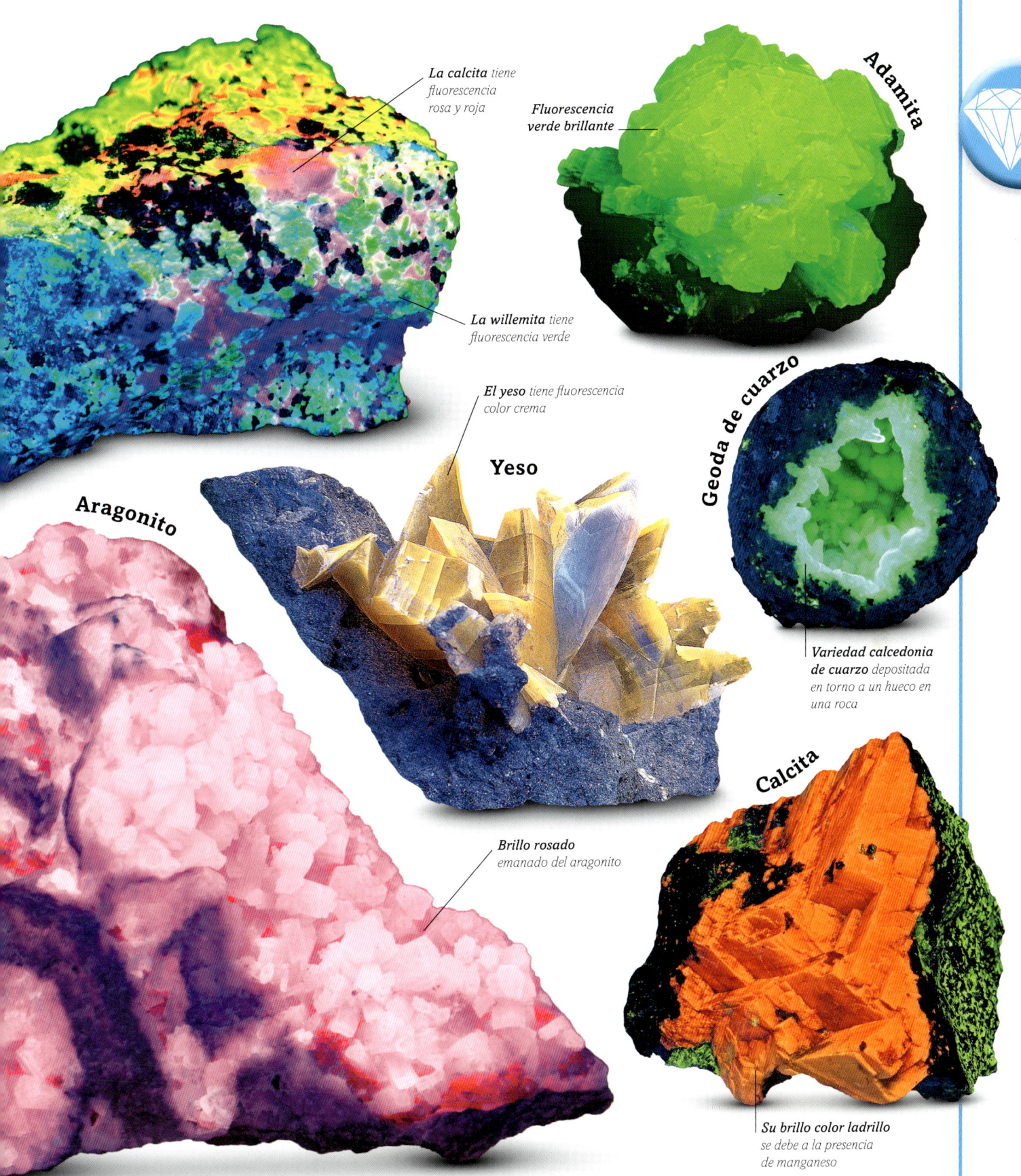

La calcita tiene fluorescencia rosa y roja

Fluorescencia verde brillante

La willemita tiene fluorescencia verde

El yeso tiene fluorescencia color crema

Yeso

Geoda de cuarzo

Aragonito

Variedad calcedonia de cuarzo depositada en torno a un hueco en una roca

Calcita

Brillo rosado emanado del aragonito

Su brillo color ladrillo se debe a la presencia de manganeso

La **adamita**, un arseniato de cinc, tiene fluorescencia verde La **calcita**, uno de los minerales más abundantes del planeta, suele ser incolora, pero sus cristales tienen fluorescencia anaranjada. Lo que se necesita para este brillo es un «activador»: un elemento cuyos átomos absorban la energía de la luz ultravioleta y la devuelvan como luz visible. Una pequeña cantidad de manganeso sirve de activador para el **aragonito** y para la calcita. El hierro, en cambio, puede ser un «supresor», es decir, que acaba con la fluorescencia de algunos minerales.

Hidratos

Howlita

Nódulos de howlita blanca

Pisolito de bauxita

Grano redondeado como un guisante, o «pisolito»

Bandejas de papel de aluminio

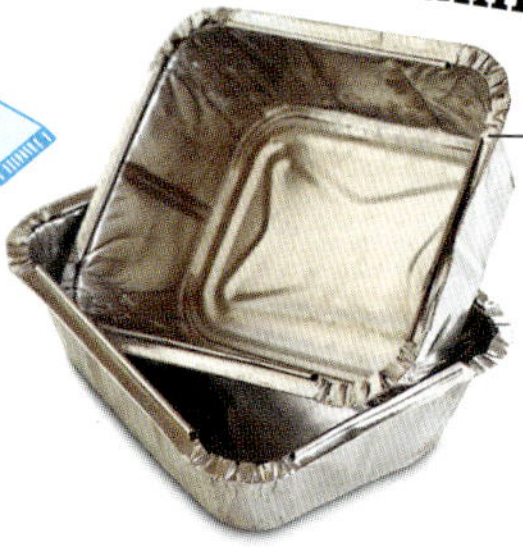

El aluminio de la bauxita se emplea para productos de cocina

Brucita

Cristales tabulares en una masa rocosa

Manganita

El oscuro cristal de manganita contiene el metal manganeso

Masa de finas fibras

Crisotilo

Bórax

Cristal prismático

Adamita esferoide

Cristal redondeado, «esferoide»

Goethita

El jabón contiene boro, que procede del bórax

Jabón

La masa de la limonita es también un hidróxido

Los hidróxidos suelen ser «minerales secundarios» que se forman cuando el agua reacciona con otras rocas y minerales. Otros grupos minerales pueden «hidratarse» cuando moléculas de agua se incorporan a su estructura cristalina.

La bauxita es una fuente del metal aluminio, que se emplea para casi todo: fuselajes de aviones, ventanas, papel de aluminio… Posee una textura inusual. El **pisolito de bauxita** consiste en granos y concreciones de minerales ricos en aluminio. El **diásporo** también contiene

Talco

Superficie suave y grasienta al tacto

Fino talco en polvo proporciona espesor a la pintura

Pintura

Brasilianita

Cristal prismático y traslúcido

Diásporo

Cristal fino y prismático

La goethita hallada en **Marte** podría ser prueba de que el **Planeta Rojo** tuvo agua.

Variedad fibrosa de nemalita con cristales largos y finos

Brucita

Cristal negro que se forma por la erosión de la mena de hierro

Olivenita

Cristales de olivenita

Cristal de cobre secundario formado sobre cuarzo

---

aluminio, pero tiene cristales largos y finos. El **bórax** se emplea en productos de limpieza, **jabón** y detergente para ropa, y se añade al vidrio para darle resistencia al calor. El asbesto ignífugo solía hacerse con cristales finos como cabellos de **crisotilo**, pero se prohibió su uso

en edificios porque respirar el fino polvo que creaba causaba problemas de salud mortales. El **talco** es uno de los minerales más blandos. Se emplea para hacer polvo de talco, que evita irritaciones en los bebés, y también como aditivo en pinturas industriales, plásticos y goma.

Sales minerales

El dentífrico contiene **fluoruro** *que refuerza el esmalte dental*

Dentífrico

Fluorita

Clorargirita

Antaño se usaba el **Blue John** para hacer **copas y vasos**.

Bandas de **fluorita** *púrpura y clara*

Cristal de fluorita **verde** *bien formado*

Blue John

El color naranja lo causan impurezas en el mineral

Fluorita anaranjada

Suaves cristales de color marrón amarillento

Las sales minerales, o halogenuros, son un grupo de minerales que se forman cuando los metales se mezclan con elementos halógenos: flúor, cloro, bromo, yodo y astato. Muchos son hidrosolubles, y quedan depositados cuando el agua se evapora.

La **fluorita** es fluoruro de calcio, y se muestra con llamativos colores. El **Blue John** es una llamativa y rara fluorita con bandas púrpuras, amarillas y blancas. Cuando los minerales se funden, la fluorita se emplea como «fundente»: una sustancia que rebaja el punto de fusión de

Carnalita

Mineral con
textura granular

*El mineral se vuelve
púrpura* con la luz solar

Halita

*Cristal de sal
cúbica en una
masa rocosa*

Cristales de calomelano

*Sorprendente
color azul regio*

Diaboleíta

*El tóxico calomelano
es un cloruro de mercurio*

Sal amoniacal

Silvina

*Cristales rosados y
granulosos de silvina
mezclados con bandas
de cuarzo*

Jarlita

*Masas
cerúleas de
jarlita a modo
de costra*

las impurezas, las cuales desprende y separa del metal. Entre otros halogenuros están la mena de plata **clorargirita**, la **silvina** (usada para hacer fertilizante con potasio) y la **sal amoniacal** (un raro cloruro de amonio empleado en el salado regaliz nórdico salmiakki). Sin embargo, el halogenuro más común de todos, y uno de los minerales más importantes, es la sal de roca, o **halita**. Además de usarse para dar sabor y conservar los alimentos, se extiende por las carreteras en invierno para evitar que se hielen, y es un importante químico industrial.

Sal

Minas de sal de Maras (Perú)

Los cristales de sal se forman cuando el agua de las salinas se evapora

Sal de roca

Cristal cúbico de halita

Sal de roca blanca con impurezas azules

Estatua de sal

Capas de sedimento

Sal marina

Las escamas de sal marina de muelen y usan en cocina

Sal de mesa

La sal de mesa es sobre todo sal marina procesada

Esparciendo sal

La mezcla de sal y arena baja la temperatura de fusión del hielo y mantiene las carreteras libres de hielo

Tintes de color

Los tintes se unen al tejido gracias a la sal

Los cristales de sal pura abundan en el planeta. La sal, básica para la vida animal, se puede extraer de depósitos rocosos o aguas saladas. Se trata de un halogenuro formado por cloruro sódico, que se extrae de minas y se vende desde la antigüedad.

La **sal de roca**, también llamada **halita**, se forma en grandes depósitos subterráneos. Las minas de sal **Wieliczka**, en Polonia, se explotan desde hace unos mil años. Dado que la mayoría de los halogenuros se disuelve en agua (por eso el mar es salado), estos depósitos se dan en

Cristales cúbicos regulares

Se pueden extraer **hasta 900 toneladas** de sal por hora de las grandes minas de sal.

Halita

La salazón deshidrata el bacalao y ayuda a conservarlo

Bacalao

Capilla de las minas de sal Wieliczka (Polonia)

Iglesia tallada en la sal maciza a 400 m de profundidad

La sal se acumula en montículos para que el agua se evapore

Salar de Uyuni (Bolivia)

lugares secos en los que el agua se evapora. El **salar de Uyuni**, en el suroeste de Bolivia, es la salina más grande del mundo. Evaporar agua salada en estanques poco profundos también sirve para producir sal. Las **minas de sal Maras**, en Perú, han producido sal desde hace más de 600 años. En invierno se **dispersa sal por las carreteras** para evitar que se hielen. Se emplea también para **conservar alimentos** y darles sabor. En pequeñas cantidades, la sal es parte esencial de la dieta, pero puede causar problemas de salud si se ingiere demasiada.

Carbonatos y boratos

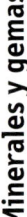

El cristal de azurita es azul profundo

Dolomía

Faceta curva con lustre irisado

Smithsonita

Smithsonita de color azul claro

Smithsonita verde

Azurita

Cristal de calidad **gema** *parcialmente cubierto de cuarzo*

Los pintores medievales usaban azurita en polvo para obtener un **azul llamativo**.

Cristal gemelo de seis caras (romboédrico)

Siderita

Aragonito

Cerusita

Cristal de aragonito **ramificado**, *como coral*

Los cristales **gemelos en «V»** *de carbonato de plomo forman «copos de nieve»*

Los carbonatos son una familia de minerales relativamente blandos formados por metales, carbono y oxígeno. Abundan en el agua de mar, y algunas criaturas marinas, como los moluscos y los caracoles, usan los minerales de los carbonatos para crear sus caparazones.

Los tres carbonatos principales que crean rocas son la **calcita**, el **aragonito**, y la **dolomía**. El más común es la calcita, un carbonato de calcio. Posee más de mil formas (más que ningún otro mineral), incluido el espato de Islandia, que antaño se usaba para lentes, y la aguda **calcita diente de perro**.

Ankerita

Cristal marrón de seis caras (romboédrico)

Magnesita

Cristales estilizados como agujas

Estroncianita

Masa cristalina de magnesita sobre masa rocosa

Malaquita

Cristal de color marrón claro

Sinhalita

Masas redondeadas de cristales con forma de riñón llamadas «botroidales»

Rodocrosita

Hambergita

Cristales blancos en su forma más pura

Cristal prismático

Calcita diente de perro

Cristales paralelos como agujas

Ulexita

CALCITA COLOSAL

El mayor cristal de calcita *(280 toneladas)*

Autobús escolar *(peso de 28 autobuses: 280 toneladas)*

Mineral gigantesco
Algunos cristales de calcita son enormes. El cristal más grande jamás hallado se encontró en Islandia. Pesaba 280 toneladas, el peso aproximado de 28 autobuses escolares.

Los carbonatos pueden ser fuente de metales: la **smithsonita** contiene cinc, y la **magnesita** contiene magnesio. La **rodocrosita** es una mena de manganeso, cuyo color varía entre rosa y carmesí, en función de cuánta **siderita** (carbonato de hierro) contenga. Tanto la **azurita** como la **malaquita** son hidróxidos degradados que se suelen dar juntos. La malaquita es una piedra decorativa y una importante mena de cobre. La azurita se emplea a veces en joyería, pero es muy blanda para ser una buena gema, y pierde su brillo con el calor.

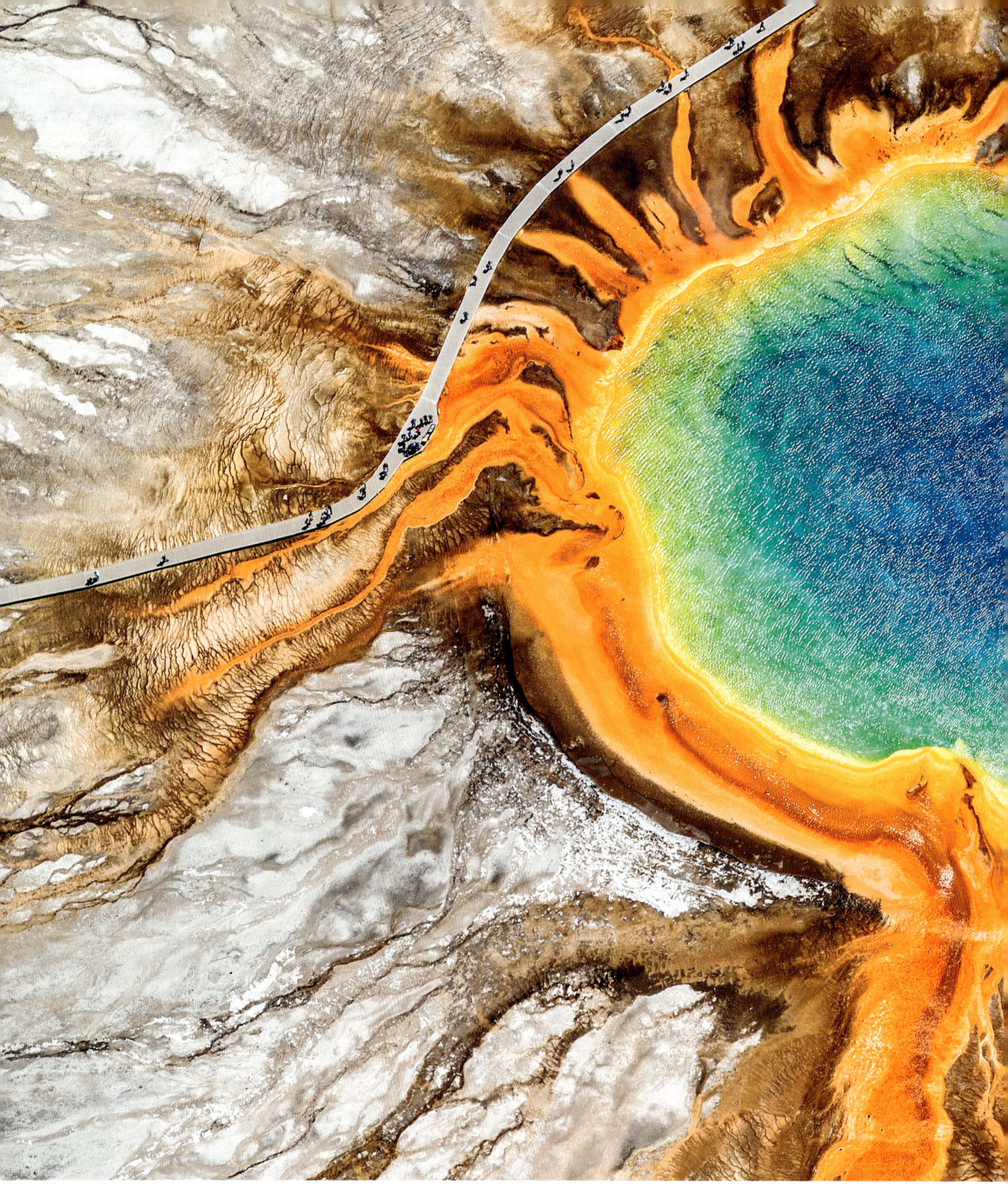

FUENTE ESPECTACULAR
La Gran Fuente Prismática del Parque Nacional Yellowstone (EE UU), es la tercera mayor fuente termal del mundo. Deslumbra con sus colores: del azul marino del centro, donde el agua es más cálida, al naranja y rojo en los bordes, donde está más fría. Este caleidoscopio está causado por diferentes tipos de bacterias que viven en cada una de las zonas de temperatura y por ciertos minerales (como el azufre).

Con una temperatura de hasta 85 °C, el agua brota de forma constante en el centro de la Gran Fuente Prismática. La energía para generar esta agua caliente, y otras casi diez mil fuentes, pozos de lodo y géiseres de la zona, procede de un supervolcán bajo el parque, que entró en erupción hace unos 640 000 años. Las enormes cámaras magmáticas del supervolcán calientan el agua a más de 400 °C, transformando lentamente las rocas subterráneas conforme los fluidos extremadamente calientes del volcán disuelven los minerales. Estos fluidos depositan nuevos minerales en las cavidades y fisuras, y hacen que los minerales de la roca cambien.

Malaquita

Urna y pedestal
*tallados en
malaquita*

**Urna de
malaquita**

Malaquita botroidal

*Crecimientos
redondeados
de malaquita*

*Los anillos muestran
el crecimiento por
capas de los minerales*

Estatua
*tallada en
malaquita*

Estatua de malaquita

Catedral de San Isaac (Rusia)

*Columna revestida en
malaquita tallada*

*Irradiación
de cristales*

Joyero

*Joyero revestido
con finas láminas
de malaquita*

**Bloque de verde
brillante** con
bandas más oscuras

**Malaquita
con bandas**

El nombre «malaquita» procede del término griego para verde, y es fácil ver por qué. Este mineral es la forma natural del dihidróxido de carbonato de cobre. Se ha empleado durante siglos como mena de cobre y para fabricar ornamentos.

Una costra verde de malaquita es señal de que hay otros minerales de cobre bajo la superficie, y los prospectores buscan esta señal cuando inspeccionan una zona en busca de minerales. La malaquita suele formarse cuando las menas de cobre reaccionan con agua ácida con

Pendiente de malaquita

La superficie pulida muestra las bandas de la piedra

Fresco del antiguo Egipto

El color azul de este antiguo fresco procede de pigmentos de malaquita

A veces la malaquita se forma **como estalactitas** en cuevas.

Malaquita

Estalactita de malaquita

Conjunto de irradiaciones de cristales fibrosos

Daga azteca

Empuñadura de madera con adornos de malaquita

Malaquita fibrosa

Azurita en malaquita

La azurita aparece a menudo mezclada con malaquita

Pigmento de malaquita

Se usa como polvo verdeazulado en pinturas y maquillaje

carbonatos. Las mayores muestras forman masas **botroidales** (en forma de uvas) hechas de crecimientos, cada uno de ellos formado por muchas capas de cristales. Cuando se corta y pule, da lugar a un acabado en ondas, floreado. La malaquita es blanda y es fácil tallarla en **estatuas** y otros ornamentos. Se usaron unos 16 000 kg de malaquita para varias decoraciones en la catedral de **San Isaac**, en San Petersburgo (Rusia). La malaquita en polvo, mezclada con agua o aceite, fue una fuente de **pigmentos**, y fue empleada por los primeros pintores.

Sulfatos

Epsomita

Cristales con *apariencia sedosa y superficie fibrosa*

Anglesita

Grandes cristales prismáticos

Glauberita

Las sales de Epsom son una **medicina estomacal** que contiene epsomita molida.

Cristal tabular en punta

Cristal azul y liso

Calcantita

Celestina

Grandes cristales azules aplanados

Cristales verdes como agujas

Sulfatos, tungstatos, cromatos y molibdatos son minerales con una estructura química similar. El oxígeno se combina con azufre, tungsteno, cromo o molibdeno para formar estos minerales. Los sulfatos son los más comunes.

Muchos son importantes fuentes de metales útiles. La **anglesita**, llamada así por la isla galesa de Anglesey, es uno de los principales. La **celestina** es una fuente del metal estroncio. Se añade estroncio en polvo a los fuegos artificiales para que produzcan chispas cuando

Cristal de
rojo intenso
*con apariencia
grasienta*

Crocoíta

Sulfatos

YESO GIGANTE

Longitud: 11,4 m   Longitud: 11 m

Cristal de selenita   Autobús escolar

El cristal más grande
El cristal de selenita (yeso) más grande conocido se halló en la cueva
de los Cristales, en Naica (norte de México). Mide 11,4 m de longitud
(como un autobús escolar), y pesa 50 toneladas.

Filamento
de tungsteno
hecho con scheelita

Scheelita

Bombilla

*Cristal piramidal
de color crema*

Cristales
aplanados y
*vidriosos en un
racimo afilado*

Baritina

Wulfenita

Cristales
dorados
*de placas
superpuestas*

Brochantita

*Irradiación de finos
cristales azules*

Cianotriquita

Cristales fibrosos

Yeso

explotan. La celestina es muy apreciada por sus bellos cristales de colores pálidos. La **wulfenita** se purifica para obtener molibdeno, un metal empleado para aceros duros y acorazados. El tungsteno se extrae de la **scheelita**, así llamada por el químico suizo Carl Scheele, descubridor del metal en 1781. El tungsteno tiene el punto de fusión más alto de todos los metales, y se usa en calefacciones y bombillas. En medicina, a los pacientes con problemas intestinales se les dan «píldoras de bario» (con **baritina** en polvo) para poder ver sus intestinos en rayos X.

Yeso

Yeso claro en clásica forma «cuerno de carnero»

Selenita

Granos interconectados de cristales de yeso

Roca de Yeso

Cola de pez doble

Racimo de cristales que han crecido en forma de «V» o de «cola de pez»

Estatua egipcia tallada en alabastro

Yeso tipo daisy

Cristal extendido en forma de estrella o flor

Lago Eyre (Australia)

El lecho del lago seco es una fuente de yeso

Se han hallado depósitos de yeso en Marte

Marte

Espato satén

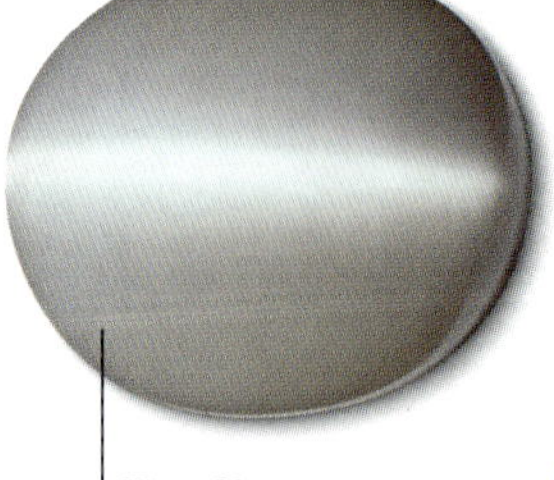

Yeso fibroso pulido para dar un acabado perlado

Esfinge de alabastro

El yeso es la forma natural del sulfato de calcio, y es uno de los minerales más útiles del mundo: cada año se excavan 200 toneladas. Se emplea sobre todo para enlucir paredes o fabricar placas de yeso o escayola usadas en la construcción.

Los cristales de yeso se forman cuando se evapora agua con calcio y iones de sulfato disueltos. Por ello, el yeso es común en zonas desérticas, en las que los lagos suelen secarse, y en profundas cavernas antaño llenas de agua. Los grandes cristales de yeso se llaman **selenita**,

Cristal incoloro

Yeso

Selenita verde

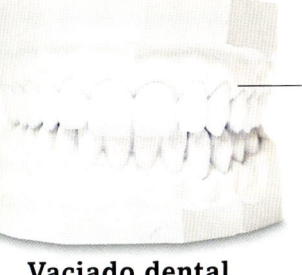

Escayola para moldes de dentaduras, hecha de yeso

Vaciado dental en escayola

El cristal obtiene su color de impurezas de cobre

Capitel decorativo de escayola

La **rosa del desierto** se halla en zonas áridas antaño cubiertas por mares o lagos.

Escultura de alabastro

El yeso blanco, con su fino grano, es blando y puede tallarse y esculpirse

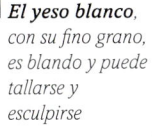

Dados de tofu

Tofu sólido hecho con leche de soja y yeso en polvo

Láminas como pétalos, formadas en aguas ricas en minerales

Escayola tallada en formas intrincadas

Rosa del desierto

Las blancas dunas están formadas por cristales de yeso

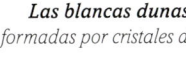

Parque Nacional White Sands (EE UU)

Tiza

Tiza hecha de polvo de yeso coloreado

y son traslúcidos o con color de leche. Los cristales más pequeños de yeso crean una roca llamada **piedra de yeso**. Cuando los granos son incluso más finos, el mineral se llama **alabastro**; es fácil de tallar y se emplea para pequeñas estatuas y esculturas. Los cristales de yeso contienen agua. Si se calientan los cristales, se libera el agua y se deja un polvo seco llamado **escayola**. Si se añade agua a la escayola se crea una pasta que se puede moldear y extender. Al secarse, el agua regresa a los cristales, y la sustancia se endurece.

CUEVA DE LOS CRISTALES

En el año 2000, unos mineros que excavaban a más de 300 m bajo tierra, en la mina de Naica, en el norte de México, descubrieron algo increíble. Al atravesar una pared de la cueva, descubrieron una sala nunca antes vista por humanos. La Cueva de los Cristales estaba llena, del techo al suelo, de monumentales cristales de yeso que habían crecido sin interrupción durante millones de años.

Los gigantescos cristales traslúcidos de la cueva están hechos de un tipo de yeso llamado selenita. Se trata de un mineral común, pero su enorme tamaño hace de estos cristales una maravilla natural. Algunos tienen más de 10 metros de longitud. Durante millones de años, estas cuevas se inundaron con agua rica en sulfato de calcio. Con el calor de la cámara magmática inferior, los pilares se cristales de selenita crecieron sin parar. Cuando las minas se vaciaron de agua, los cristales quedaron al descubierto. Sin embargo, en cuanto las minas se hayan agotado y las bombas se desconecten, la cueva volverá a inundarse. Ahora, una humedad del ciento por ciento y unas temperaturas de hasta 50 °C mantienen esta maravilla natural.

Fosfatos

Turquesa

Turquesa incrustada

Masa de óxido férrico

Cristales alargados y prismáticos

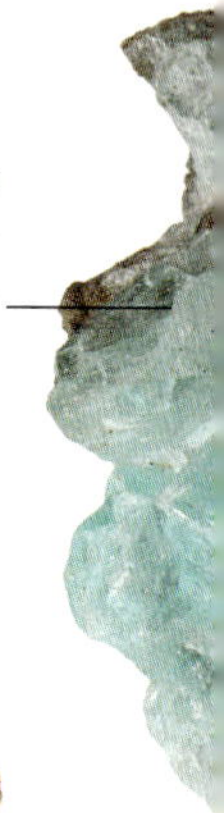

Vivianita

Fino cristal de fosfofilita verdeazulado

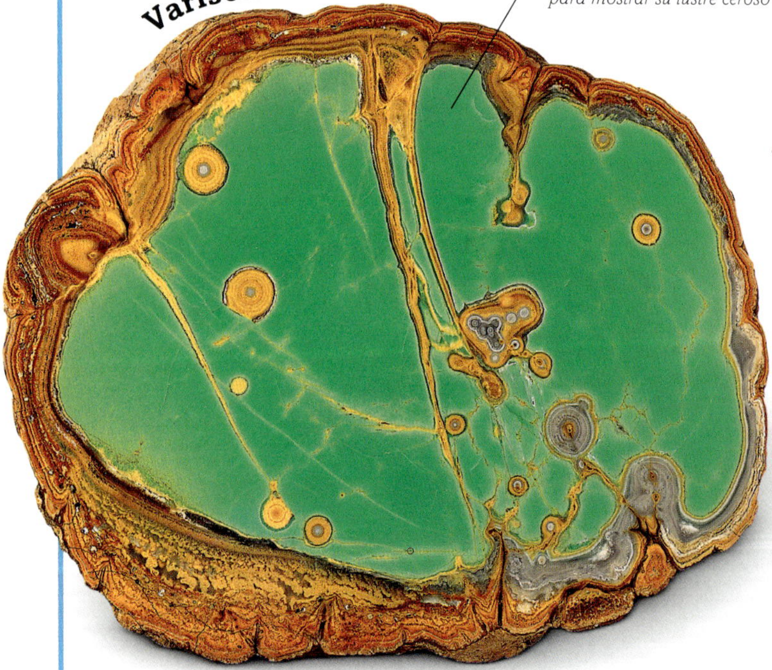

Variscita

Dura masa compacta de variscita en una roca partida para mostrar su lustre ceroso

Cristal prismático bien formado

Apatita

Pigmento azul

La vivianita en polvo se usa como pigmento azul

La variscita se llama así por la región alemana de **Variscia**, donde se descubrió.

Piromorfita

Típicos cristales cilíndricos

Los fosfatos son una familia de minerales que contienen fósforo y oxígeno. Forman parte de un gran y variado grupo que incluye los arseniatos y los vanadatos. Los colores brillantes son típicos de este grupo de minerales.

La **turquesa** se ha extraído durante miles de años, y fue un mineral muy importante para muchas civilizaciones. La **variscita**, semipreciosa, suele confundirse con la turquesa, pero es más verde. La **vivianita** pasa de azul pálido a un azul verdoso oscuro si se expone la luz. La **apatita** es el fosfato

Fosfofilita

Wavellita

La wavellita crece en láminas circulares de cristales que irradian

Irradiación de cristales que forman una roseta

Carnotita

Costra amarilla de carnotita en polvo en arenisca

Las cabezas de cerilla contienen fósforo, que procede de la wavellita

Cerillas

Clinoclasa

Cristal prismático tipo diamante (brillante)

Mimetita

Los cristales de mimetita se parecen a los de la piromorfita

Los sorprendentes cristales morados contienen cobalto y arsénico

Eritrina

Llave

Esta llave contiene vanadio (del que la vanadinita es una fuente), cromo y otros metales aleados con el acero

Vanadinita

más común; en nuestro cuerpo, hace crecer el esmalte de dientes y huesos; en rocas, se da como grupo de minerales relacionados, entre ellos la clorapatita y la fluorapatita. La principal utilidad de los fosfatos es como fertilizante: cada año se pulverizan 200 000 toneladas de rocas ricas en fosfatos para obtener fertilizante. La familia de los fosfatos incluye los vanadatos (con vanadio) y arseniatos (con arsénico). La **eritrina**, que contiene cobalto, es un arseniato. La **carnotita**, un vanadato, es una importante mena de uranio radiactivo, usado para generar energía nuclear.

95

Silicatos

Peridoto

Estaurolita

Almandino

*Cristal dodecaédrico
(12 lados) bien formado*

Hessonita

*Cristales oscuros prismáticos
en roca pálida*

*Cristal marrón en
forma de cuña con
superficie pulida*

*Cristal verde
y traslúcido*

Avión

*Avión construido
con ligero titanio*

Titanita

Cianita

*Cristales color
marrón rojizo
llamados «piedras
de canela»*

*Largas hojas
de cristal azul
que se separan
fácilmente en
láminas*

La hessonita
se llama así por la
palabra griega para
«inferior», por
su escasa
dureza.

Los silicatos son los minerales más comunes
del planeta. Están formados por silicio y
oxígeno, mezclados con otros elementos,
sobre todo metales. Estos minerales son
los principales ingredientes de arenas y
arcillas, y están en casi todas las rocas.

Los silicatos se dividen en distintos grupos, en
función de su estructura. Los que vemos aquí
son nesosilicatos y sorosilicatos. El **peridoto**
pertenece a un subgrupo de nesosilicatos, los
olivinos; es uno de los principales minerales
del manto superior del planeta Tierra.

Uvarovita

Collar hecho con piedras incoloras de circón (o zircón)

Collar de circón

Grandes cristales marrones

Circón

La costra de cristales verdes contiene cromo

Epidota

Brillantes cristales verdosos forman prismas con surcos

Vesuvianita

Cristales amarillos verdosos con surcos llamados estrías

Tanzanita

Cristal traslúcido y azul, a veces confundido con el zafiro

Grandes cristales prismáticos creciendo en feldespato

Hemimorfita

Crecimientos redondeados como uvas, hechos de diminutos cristales

Topacio

El **almandino** y la **hessonita** se encuentran en el grupo granate de los nesosilicatos; son más duros que la mayoría de los minerales, pero más blandos que las gemas corindón, diamante, berilo y topacio, por lo que se utilizan en joyería desde la antigüedad. Los nesosilicatos

estaurolita y **cianita** son valiosas fuentes de aluminio. La **vesuvianita**, un sorosilicato, se llama así por el monte Vesubio, en Italia, donde se la descubrió. La **epidota** es otro sorosilicato, pero rara vez se la emplea como gema.

Rodonita

Wollastonita

Las capas fibrosas
de cristales se separan
en láminas

Cristales dorados
que se parten
en escamas

Astrofillita

Sus cristales rosados
forman placas
quebradizas

Cristal oscuro,
casi opaco

La rodonita puede
tallarse en múltiples
formas, como la
de esta cajita

Caja tallada
en rodonita

Augita

Turmalina negra

Indicolita

SUPERGRUPO

Otros minerales

Silicatos

Minerales de la corteza

Los extendidos silicatos
Hay unos mil tipos de silicatos, que forman
el 90 por ciento de los minerales de la
corteza rocosa y del manto terrestres.

Gran cristal azul

Oscuro cristal prismático

Los inosilicatos se llaman así por el prefijo griego para «fibra», por la estructura en cadena de sus cristales. Comprenden la **augita**, uno de los minerales más comunes del basalto y otras rocas ígneas de color oscuro. La **wollastonita** se forma cuando el magma subterráneo calienta la caliza. El nombre de la **rodonita** procede del término griego para «rosa». Su color rosado procede del manganeso en su estructura cristalina. Un inosilicato común llamado **hornblenda** solía confundirse con una valiosa mena. Los ciclosilicatos tienen estructuras

Berilo: morganita

Largo cristal de seis lados (hexagonal)

Berilo: heliodoro

El **cristal** mineral **más grande** es un berilo de **18 m** de longitud.

Silicatos (continuación)

Cristales rosados

Hornblenda

Sus cristales verdeazulados en prisma forman una brillante costra

Turmalina sandia

Cristales oscuros en largos prismas, con estrías a los lados

Cristal rojo rodeado de turmalina verde

Dioptasa

Cristal rosado con caras curvas

Elbaíta

cristalinas compuestas por anillos de grupos silicatos. La turmalina es uno de los ciclosilicatos más comunes, y existe en muchos colores; la mayoría de ellas se emplea en gemas. Las más abundantes son las **turmalinas negras**. Otro colorido ciclosilicato es el berilo. En su forma rosada se llama **morganita**; en la amarilla, **heliodoro**. El berilo verde es más famoso: se llama esmeralda. A veces se confunde la **dioptasa** con la esmeralda, pero sus cristales son demasiado frágiles y quebradizos como para usarse en joyería.

Bañera tallada en una roca de cuarzo creada por bandas de diminutos cristales de cuarzo blanco y amatista

Bañera

Geoda de amatista

Cristal piramidal

Envoltura de ágata

Crisoprasa

Diminutos cristales solo visibles al microscopio

Cuarzo

Cristal prismático

Ágata

UN CUARZO COLOSAL

6,1 m

4 m

1,5 m

6 m

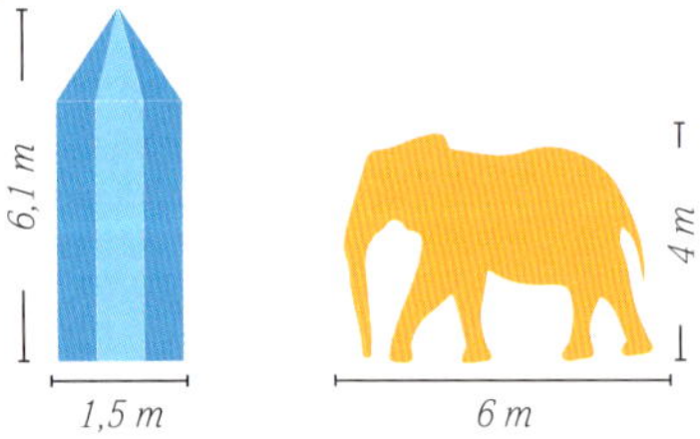

Mayor cristal de cuarzo

Elefante africano

Torre de cristal
El cristal más grande jamás hallado procede de Itaporã, en Brasil. Tiene unos 6,1 m de longitud y pesa más de 44 toneladas: 10 veces el peso de un elefante africano.

Fibra de vidrio hecha de sílice, procedente de cuarzo

Martillo de fibra de vidrio

Bandas de diminutos cristales

El **cuarzo** es uno de los minerales más comunes de la superficie terrestre. La arena está compuesta principalmente de granos de cristal de cuarzo, y se lo halla en rocas comunes como el granito y la arenisca. Es un ejemplo de tectosilicato, un tipo de silicato en el que la estructura cristalina es una disposición en espiral de grupos de silicatos. Hay muchas variedades de color de cuarzo. La **amatista** es cuarzo púrpura, y su color se debe a impurezas. Se llama así por la doncella Amethystos de la mitología griega. Muchas amatistas y tipos similares de cuarzo cristalino

Albita

Cristal vítreo

Tugtupita

Haüyna

Costra azul en lava solidificada

Cristales con lustre ceroso

Estilbita

Pálido cristal de **microclina** sobre amazonita azul verdosa

Amazonita

Cristales gemelos que parecen un lazo

Anortita

Cristales romboidales rosados

Botellas de vidrio

Ortoclasa

Cristal amarillo transparente

La ortoclasa se emplea en la fabricación de vidrio

Su superficie irisada cambia de color bajo la luz

Los científicos han descubierto indicios de **ópalo en Marte**.

Ópalo

se forman como geodas: burbujas de aire que se llenan con agua rica en minerales, de los que lentamente se forman cristales. La **ágata** es una variedad microcristalina: sus cristales son diminutos, lo que le dota de una textura suave. El **ópalo** está formado por sílice y agua, y no

suele tener estructura cristalina. La **albita** y la **ortoclasa** son ejemplos de feldespatos, los principales silicatos de las rocas. Los cristales de **estilbita** son tabulares y tienen un lustre perlado, y pueden medir más de 10 cm de longitud.

Topacio

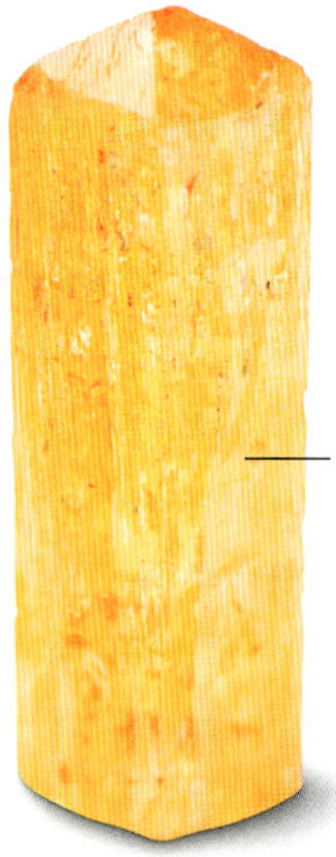

Topacio sherry

Cristal *de color naranja claro*

Anillo de topacio

Rara muestra de color rosado

Topacio sin cortar

Cristal con forma piramidal natural

Cáliz ruso

Copa de vino de oro *con incrustaciones de topacio y otras joyas*

Topacio oval tallado en galería

Los surcos *alrededor del borde permiten que más luz atraviese la gema*

Topacio rojo

El color marrón rojizo *de este cristal brasileño lo hace ideal para gemas*

Topacio en pegmatita

Grandes cristales *formados en roca, a gran profundidad*

Topacio

Cristales de topacio

Topacio rosa

Corte en pera

La palabra topacio procede del sánscrito y significa «fuego», una referencia a su color dorado. En el pasado se llamaba topacios a muchas gemas amarillas, como el peridoto y los granates amarillos. La gema se usaba en el antiguo Egipto, en Grecia y en Roma.

La fuente más antigua de topacios era una isla del mar Rojo, Zabargad, llamada Topazios en la antigüedad. Sin embargo, se cree que sus gemas eran en realidad peridoto. En Sri Lanka, los topacios se hallaban junto a los guijarros de los lechos fluviales, redondeados por las corrientes.

El **topacio azul** se oscurece si se expone a **radiación**.

Collar de topacio

Pequeña piedra de topacio azul pulida hasta poseer una superficie curva

A la variedad marrón-dorada se la llama sherry

Topacio sherry

Topacio, talla mixta

El corte realza el color y el brillo

Topacio sobre oro

El topacio azul natural puede ser muy pálido

Las secciones naranjas son topacio

Incrustación de topacio en mármol

Muestra azul grisácea

Estatua con un topacio azul

Topacio azul

Topacio sobre moscovita

MEGACRISTAL

17,53 cm

Topacio Dorado Americano

Rey de los topacios
Extraído en la zona de Minas Gerais, Brasil, el Topacio Dorado Americano es uno de los topacios amarillos tallados más grandes del mundo. Es una gema de 172 facetas y 4,58 kg de peso.

En otras partes del mundo, el topacio se ha formado dentro de rocas ígneas, que se ha enfriado bajo tierra. El topacio se encuentra en cavidades de granito, riolita y **pegmatita**. La mayor parte de las muestras son amarillas y marrones. Las piedras transparentes o grises son también habituales; las **rosas y azuladas**, más raras. Las anaranjadas piedras *sherry* procedentes de Brasil son muy valiosas. Además de su típico uso en **collares y anillos**, el topacio se usa en **incrustaciones en mármol** y otros objetos suntuarios, como el **cáliz ruso** (p. anterior).

Jade

Nefrita

Fibras interconectadas

Jade imperial

Tallada en nefrita
clara de grano fino

Empuñadura de daga

Vetas de impurezas
más claras

Las fibras interconectadas de la nefrita la hacen **más dura que el acero**.

Brazalete de cuentas de jadeíta

Cuentas talladas
en jadeíta y
enhebradas

Buda de nefrita

Figurilla religiosa
tallada en nefrita

Barco
decorativo
hecho de
nefrita

La rotación de la broca
talla los finos detalles

Talla de jade

Barco chino con motivo de dragón

El jade es una piedra verde hecha de cristales diminutos. Es muy duro, pero se lo puede tallar y pulir para obtener bellos ornamentos. Culturas de todo el mundo lo han usado durante siglos para crear joyería.

El jade no es un mineral, sino un grupo de minerales. A menudo se confunden objetos de serpentina verde con jade. Los auténticos jades pueden ser **jadeíta** o **nefrita**. La jadeíta es un inosilicato que contiene sodio, aluminio y hierro, y se da en finos cristales de tal densidad que forman

Color lavanda
*debido a impurezas
de manganeso*

Jadeíta color lavanda

Máscara
*tallada
en jadeíta*

Máscara mexicana

BUDA GIGANTE DE JADE

Cuerpo tallado en
jade canadiense

2,7 m
de altura

Base hecha
de alabastro

Buda de Jade por la Paz Universal
Tallada en una sola pieza de nefrita, esta estatua de
Buda, de 4 toneladas, procede de Australia, pero viaja
por todo el mundo para que los budistas la vean.

Mortaja de la princesa Tou Wan

Ejemplar sin tallar
de nefrita

Nefrita en masa rocosa

Jade amarillo

El jade amarillo
es raro

*Cientos de placas de jade
cosidas con hilo de oro*

Jade lila

Jarrón chino

*La talla aprovecha la
gama de colores de
la muestra de jadeíta*

*Se forma una costra en la
superficie de la roca de jadeíta*

una masa de aspecto ceroso. En su forma
más pura, la jadeíta es de color crema, pero sus
impurezas dan color a la mayoría. El jade verde
procede del hierro; el **lila**, del manganeso; el
amarillo, de toda una gama de otros elementos.
En la antigua China se creía que el jade protegía
a los muertos de los demonios y aseguraba la
inmortalidad, y se crearon increíbles **mortajas**
para reyes y reinas. Los objetos chinos más
antiguos están hechos sobre todo de nefrita,
pero los más recientes son de jadeíta, tras
descubrirse el mineral en Birmania (Myanmar).

QUEBRADA DE JASPE
En el estado de Bolívar, en Venezuela, en el Parque Nacional Canaima, el agua fluye sobre un lecho fluvial de color rojo y negro, atigrado. Llamadas Kako Parú en la lengua del pueblo pemón, estas pequeñas cascadas fluyen y caen sobre jaspe macizo. La luz del sol se cuela a través del follaje de la selva, brillando en la piedra semipreciosa y creando una hermosa maravilla de la naturaleza.

Algunas de las areniscas más antiguas se encuentran en el escudo guayanés, un gran bloque de roca que formó una zona montañosa en el norte de América del Sur, llena de mesetas llamadas tepuis. Estas rocas de dos mil millones de años contienen minerales más jóvenes, depositados por agua rica en minerales en fisuras. El jaspe es una forma criptocristalina del cuarzo: sus cristales forman una trama que solo puede verse con un microscopio. Su color rojo procede de impurezas de hierro, y las más oscuras lo contienen en más cantidad. El modo en que los diminutos cristales absorben y reflejan la luz dan a la superficie un brillo ceroso y profundo. Con el ángulo de luz adecuado, el lecho de jaspe brilla con un resplandor dorado.

Rubíes y zafiros

Cristal de rubí

Rubí incrustado en roca

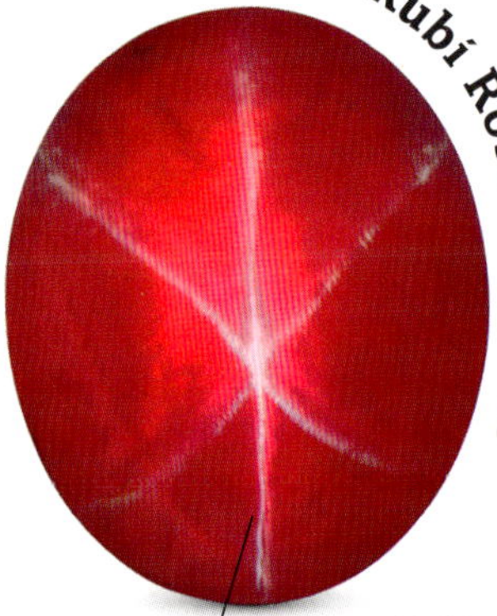

La faceta posee numerosas estrías

Rubí Rosser Reeves

Rubí Ruskin

La luz reflejada por las agujas de rutilo forma una estrella

Rubí incrustado en diadema de oro

Rubí claro y luminoso

Gema de rubí tallada

Diadema rusa

Ojo de esmeralda

Broche de libélula

Aplicación de rubí

Diamantes en el ala

Anillo de rubí Carmen Lúcia

Este reloj mecánico usa rubíes como cojinetes

Cojinetes preciosos

Piedra tallada en óvalo

Los rubíes son rojos, y los zafiros, azules, pero ambos están hechos del mismo mineral: el corindón. Son las impurezas las que dan sus colores a este óxido de aluminio. Los rubíes tienden a ser pequeños; los zafiros pueden ser grandes.

Los rubíes son hermosas piedras rojas halladas en mármoles y calizas metamórficas. La mayor parte de los rubíes de alta calidad, como el **rubí Carmen Lúcia**, proceden de Myanmar. Impurezas de cromo les dan su color rojo. Dentro de rubíes como el **Rosser Reeves**

Colgante del zafiro Bismarck

Guijarros de zafiro

Un zafiro solo puede ser rayado por un **diamante** o por otro zafiro.

Gravilla de zafiro sin tallar

Estrella Negra de Queensland

Enorme zafiro azul rodeado de ocho zafiros menores tallados en cuadrado y 312 diamantes

Zafiro azul

35 diamantes rodean este zafiro de 733 quilates (146,6 g)

Zafiro en bruto redondeado por el agua

Zafiro sin tallar

Corindón azul sin tallar

Corindón

Cristal de seis facetas

Zafiro rosa

Zafiro Logan

Zafiro tallado para tener facetas triangulares

Corindón sintético

Las gemas sintéticas no tienen defectos ni incrustaciones

Zafiro azul de 423 quilates (84,6 g)

crecen cristales como agujas, simétricos, que contienen titanio. Si bien los rubíes son solo rojos, los zafiros pueden tener más colores. El color más habitual es el **azul**, y también se hallan zafiros **rosas**. El **Estrella Negra de Queensland**, de 733 quilates (146,6 g) es raro debido a su gran tamaño. Zafiros y rubíes pueden fabricarse artificialmente en laboratorios. Hoy en día, las joyas usadas como **cojinetes** en engranajes de relojes mecánicos de precisión están hechas de **corindón sintético**.

Esmeralda

Aguamarina

Las impurezas dan su color azul claro a este prisma hexagonal (seis lados)

Tiara de esmeralda y diamantes

Esmeralda en roca

Cristal de esmeralda en pegmatita

Esmeralda tallada

La talla en galería hace brillar la gema

Ornamento de turbante

Suave esmeralda pulida engastada en oro

Cristal de esmeralda

Cristal hexagonal (seis lados)

Esmeralda de la mina de Carniaba (Brasil)

Esmeralda sintética

El cristal posee la misma estructura y el mismo color que uno natural

La esmeralda es una de las gemas más valiosas, célebres por su color verde intenso. A menudo se tallan en galería (rectángulos con bordes rebajados). Las esmeraldas se forman en finas vetas de calcita blanca o cuarzo, en esquisto oscuro y en caliza.

La esmeralda es una variedad del mineral berilo, un silicato que contiene aluminio y berilio. El término berilo significa «pálido», y los ejemplares puros son transparentes. La versión azul verdosa se llama **aguamarina**. La esmeralda, de color verde debido a pequeñas impurezas de cromo

Esmeralda tallada en pera *en una tiara*

Cristal de esmeralda

Esmeralda en matriz de caliza

Collar de la Inquisición española

La esmeralda cilíndrica pesa unos 45 quilates (9 g)

Impurezas atrapadas en la esmeralda forman un patrón de estrella

Esmeralda trapiche

Las **esmeraldas** eran un símbolo de **fertilidad** y **vida** en el antiguo Egipto.

Esmeralda traslúcida, turbia

Esmeralda

Esmeralda pulida

Cristal de esmeralda prismático

Cristal con apariencia desgastada

Gran esmeralda incrustada en cristales de cuarzo

Gran cristal de esmeralda con extremos planos

Esmeralda Chalk

Daga turca

Esmeralda tallada en galería engastada entre pequeños diamantes

Esmeraldas colombianas *en una daga ceremonial*

ESMERALDA EXCLUSIVA

5 cm

Esmeralda Duque de Devonshire

Un regalo deslumbrante
Esta esmeralda, regalo del emperador de Brasil al duque de Devonshire en 1831, es una de las mayores jamás halladas. Tiene 5 cm de longitud, y pesa 277 g.

o vanadio en los cristales, es el tipo de berilo más apreciado. Han sido muy valoradas desde que se las extrajo por primera vez en Egipto, en 1300 a. C. Egipto fue la principal fuente de esmeraldas durante mil años. Posteriormente, los mejores ejemplares, como la **esmeralda Chalk** o las del **collar de la Inquisición española**, procedían de las minas colombianas de los siglos XVIII y XIX. Las **esmeraldas sintéticas** se crean con agua caliente rica en minerales disueltos que cristalizan lentamente, pero no se las considera minerales.

Feldespatos

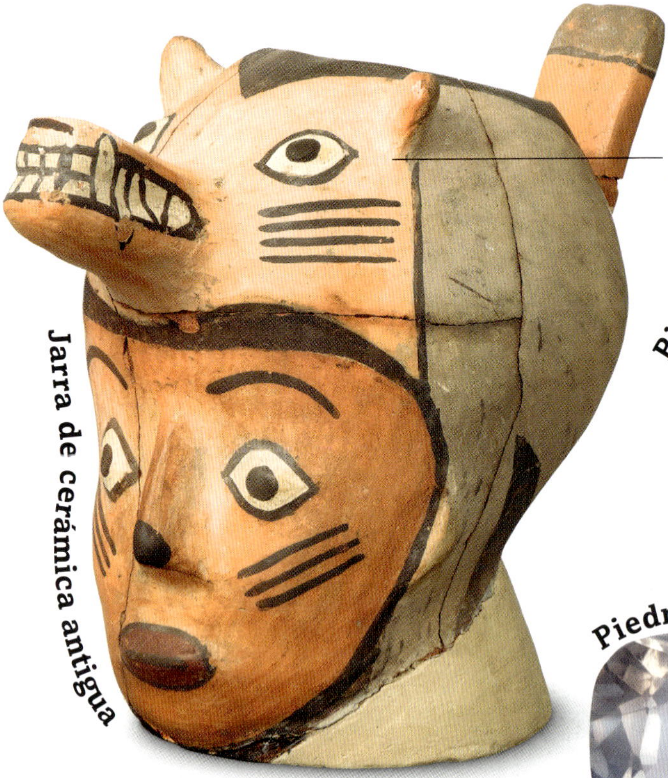

Jarra de cerámica antigua

Decoración de máscara animal de la cultura nazca de Perú (100 a. C. −1 d. C.)

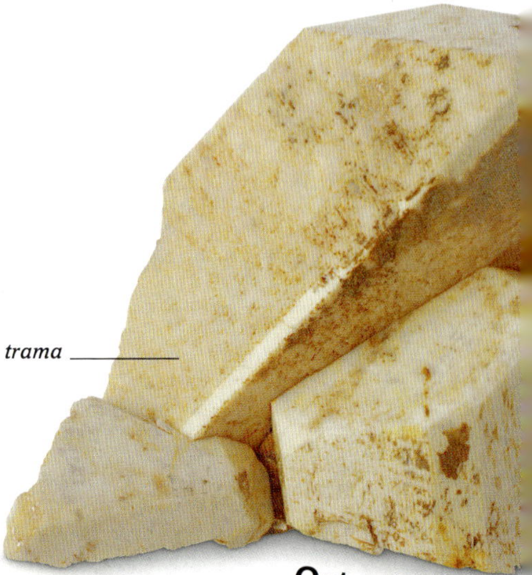

Tres cristales en trama

Ortoclasa

Piedra solar

El color rojo procede de inclusiones de hematita

En 2010 se produjeron **20 millones de toneladas** de feldespato.

Piedra de luna

Piedra en talla brillante con traslucidez opalescente

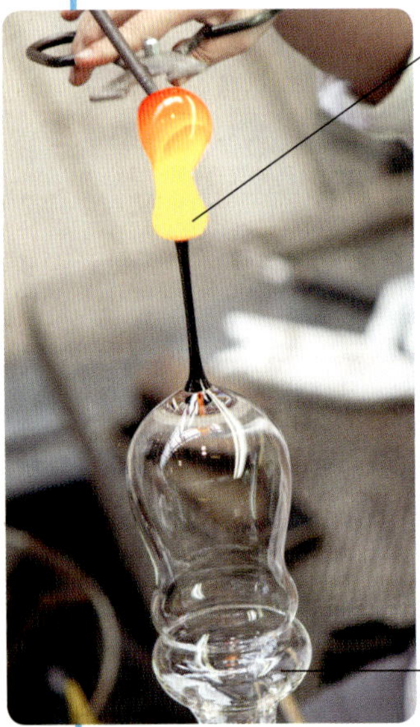

Microclina en roca

Soplado de vidrio

Vidrio fundido

Vidrio moldeado

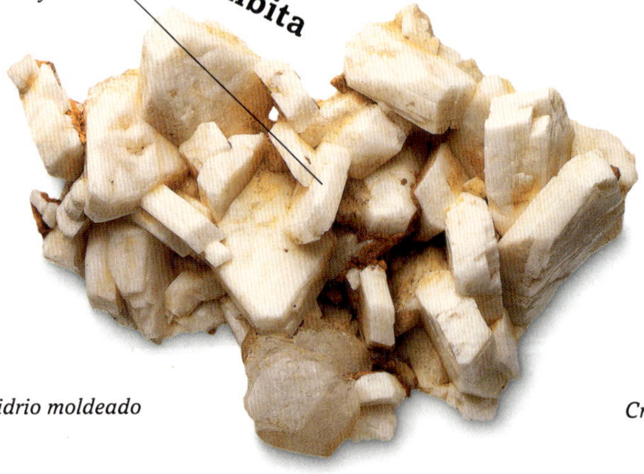

Cristal gemelo y tabular

Albita

Cristal grueso y prismático

Los feldespatos son los minerales más abundantes de la corteza. Estos aluminosilicatos (silicatos con aluminio) componen también la mayor parte de las rocas ígneas. Los feldespatos son también los minerales más abundantes de la Luna.

Los feldespatos no son minerales llamativos. Casi nunca se los halla en colores brillantes. Aun así, desempeñan un papel crucial en la formación de rocas. Se dividen en dos grupos: los de base álcali y los plagioclásicos. Los minerales de ambos grupos poseen la misma estructura cristalina,

Jarra cerámica persa para agua

Jarra para agua hecha de cerámica

Productos de limpieza

Los detergentes en polvo contienen feldespatos molidos

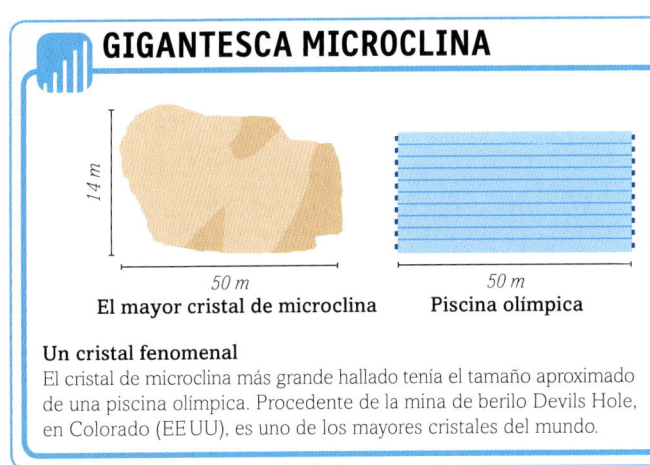

GIGANTESCA MICROCLINA

14 m

50 m
El mayor cristal de microclina

50 m
Piscina olímpica

Un cristal fenomenal
El cristal de microclina más grande hallado tenía el tamaño aproximado de una piscina olímpica. Procedente de la mina de berilo Devils Hole, en Colorado (EE UU), es uno de los mayores cristales del mundo.

Amazonita

Microclina verdeazulada, o amazonita

Se denomina «labradorescencia» al brillo de colores de su superficie

Labradorita

Cristal de sanidina bien formado

Sanidina

Andesina

Rara andesina roja de alta calidad

Costa de granito rosado, en Bretaña (Francia)

Grandes feldespatos plagioclásicos se forman en rocas de granito

pero su composición química varía. Entre los feldespatos de base álcali están la **ortoclasa** (rica en potasio), la **microclina** y la **sanidina**. La **andesina** contiene un alto porcentaje de calcio y sodio, mientras que la **labradorita** es una plagioclasa semipreciosa. Diminutos cristales de feldespato en trama componen la **piedra de luna**, de tonos azules y blancos. Los feldespatos se emplean en **vidrios** y **cerámicas**, en los que rebajan la temperatura de fusión de una mezcla. Una vez molidos, también se usan en **productos de limpieza** y para fabricar cemento.

Mineraloides

Láminas pulidas obtenidas de conchas

Caja de madreperla

La **perla de Laozi** es la mayor jamás hallada, con **6,3 kg** de peso.

Ostra con perla

Una ostra con perla puede llegar a los 20 cm de longitud

Copal

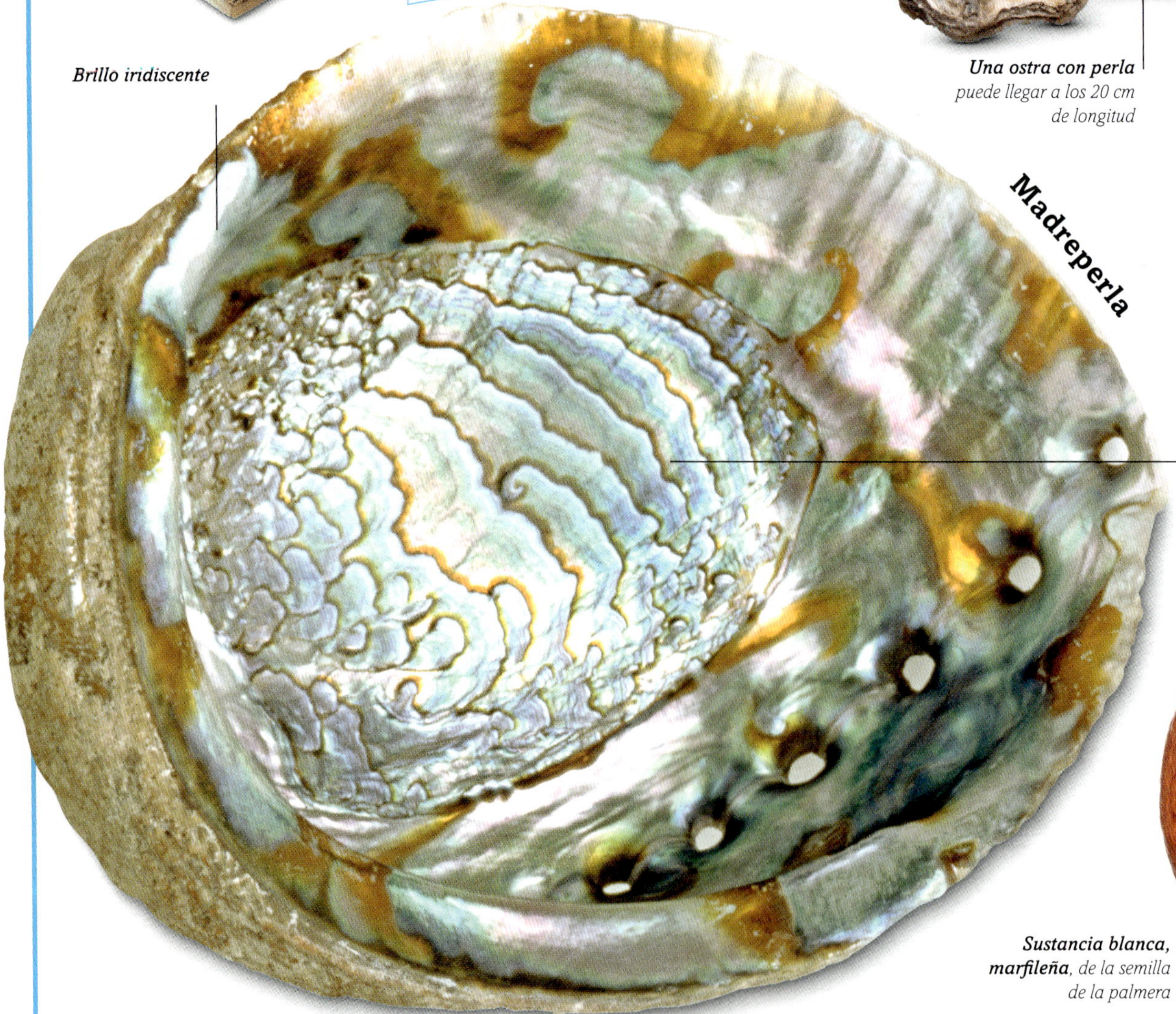

Brillo iridiscente

Madreperla

Interior de concha de abulón (caracol marino)

Sustancia blanca, marfileña, de la semilla de la palmera

Los minerales orgánicos, o mineraloides, suelen ser sustancias duras creadas por seres vivos. A diferencia de los minerales con una estructura cristalina interna, los mineraloides pueden poseer o no una estructura cristalina regular.

Las **perlas** son uno de los minerales orgánicos más codiciados. Creadas en el interior de las conchas de moluscos, crecen a capas en torno a una pequeña partícula exógena. Parte de la más bella **madreperla** procede de la concha del caracol marino abulón, de capas plateadas

Coral cerebro

Coral rojo

Forma de asta ramificada

Los corales vivos y saludables albergan muchas especies de peces

Coral vivo

El coral negro se pule para hacer joyas

Coral negro

Un solo coral está compuesto por grandes colonias de miles de diminutos pólipos

Azabache

De fino grano, se pueden tallar intrincados detalles en él

Azabache tallado

Lustre aterciopelado

Hecho de resinas obtenidas de varios árboles tropicales

Antracita

Lustre semimetálico

El ámbar oscila entre amarillo dorado y naranja-dorado

Ámbar

Marfil vegetal

CONSUMO DE CARBÓN

Carbón
(21 millones de toneladas al día en el mundo)

Pirámides de Guiza
(peso de tres pirámides: 21 millones de toneladas)

Exceso de quema
Se quema carbón para proporcionar energía a la industria y generar electricidad. La cantidad de carbón quemado al día en el mundo pesa tanto como las tres pirámides de Guiza.

e interior iridiscente. La madreperla de ostras gigantes se usa en joyería y para implantes de hueso en humanos. El **coral** es otra estructura dura creada por seres vivos. Diminutos animales llamados pólipos segregan un duro exoesqueleto de carbonato cálcico. Duro y compacto, el coral,

negro o **rojo**, puede tallarse con motivos complejos. El **azabache** y la **antracita** son formas de carbón que se usan como combustibles, pero que se pueden tallar y pulir. El **marfil vegetal** de ciertas palmeras se usa en tallas y para joyería.

Ámbar

Lustre resinoso

Ámbar en bruto

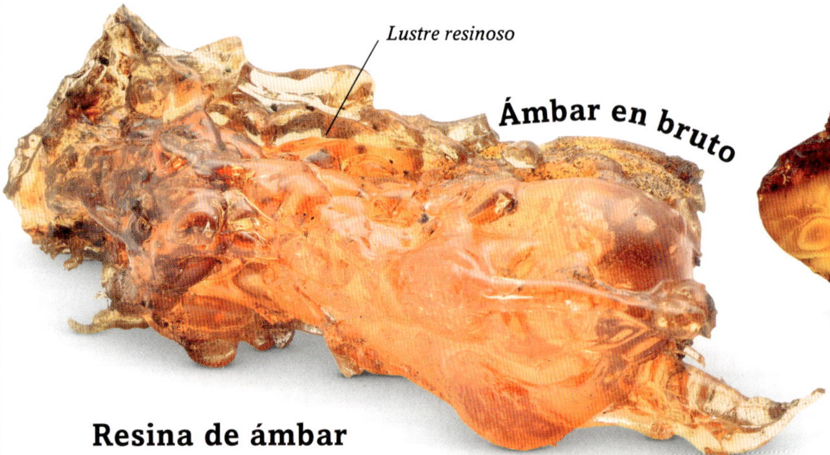

Ámbar mezclado

Las impurezas en el ámbar indica que cayó al suelo

Resina de ámbar

Nódulo de ámbar

Cuenta nacarada

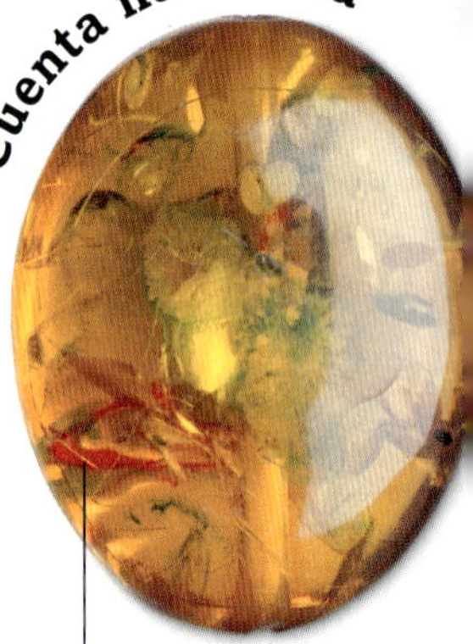

Esta cuenta pulida contiene fisuras causadas por gotas de agua atrapada

Savia bajando por el tronco de un árbol

Nódulo entre transparente y traslúcido, de color amarillo dorado

El **aceite de ámbar** se crea calentándolo por encima de **200 °C**.

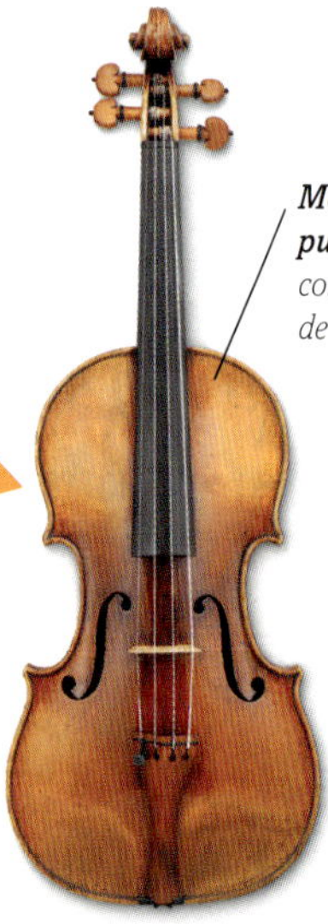

Madera pulida con aceite de ámbar

Guijarro de ámbar

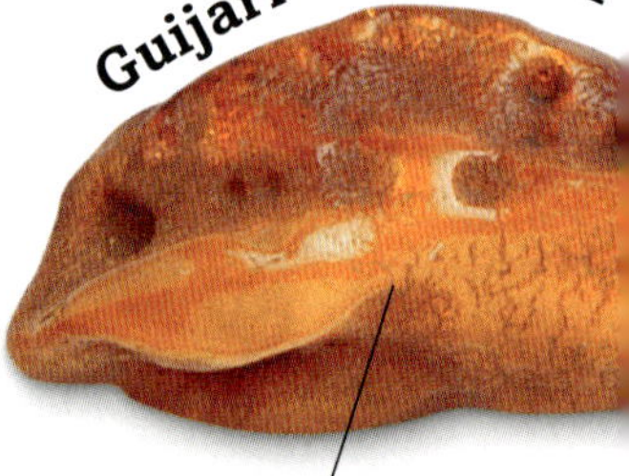

El ámbar muestra un patrón característico

Violín con pulimento de ámbar

Cámara de Ámbar (Rusia)

Esta habitación del palacio de Catalina, en San Petersburgo (Rusia), es una recreación de la sala original, que fue robada por los nazis en la Segunda Guerra Mundial

A veces, la pegajosa y dorada savia de las coníferas se endurece y cristaliza, creando una dura gema orgánica llamada ámbar. Los antiguos griegos creían que la sustancia guardaba y atrapaba la luz del sol.

En realidad, el **ámbar** es un fósil. Como la piña de un pino, es parte de un árbol que vivió hace millones de años. El ámbar se forma a partir de **resina** que mana de un árbol y se endurece. Se halla en lechos marinos en forma de **guijarros** y **nódulos** de formas irregulares. El agua atrapada

Araña atrapada en resina

ÁMBAR GIGANTESCO

Mayor trozo de ámbar
(68 kg)

Niños
(peso de 2 niños: 70 kg)

La estrella asiática
El trozo más grande de ámbar que se ha hallado procede de Borneo. Pesaba 68 kg, más o menos el mismo peso que un humano adulto promedio.

Resina de árbol kauri con patrón de flujo

Resina de entre 40 y 60 millones de años

Inclusión de una araña en un glóbulo

Collar de cuentas talladas y pulidas de ámbar

Collar de cuentas de ámbar

Ámbar dominicano

Raro color azul profundo

Resina kauri

Elefante tallado

Elefante hecho con ámbar, que es relativamente fácil de tallar

Brazalete de ámbar tallado

Gema sin pulir

Gema clara

Brazalete de ámbar

en su interior crea un efecto de lentejuela o **cuenta nacarada**. El ámbar puede contener fósiles. La mayor parte del ámbar procede de Rusia y Escandinavia, pero hay vetas en Asia, África y el Caribe. La gema se usa en **collares de cuentas** y otras joyas, o bien se talla para hacer figurillas y ornamentos. Suele presentar cálidos colores miel y ocaso, pero también puede ser verde, rojo e incluso azul, como el **ámbar dominicano**. El rey Federico I de Prusia creó la **Cámara de Ámbar**, que fue calificada como «octava maravilla del mundo».

117

Ópalo

Lustre vítreo

Gema con talla redonda

Gema de ópalo de fuego

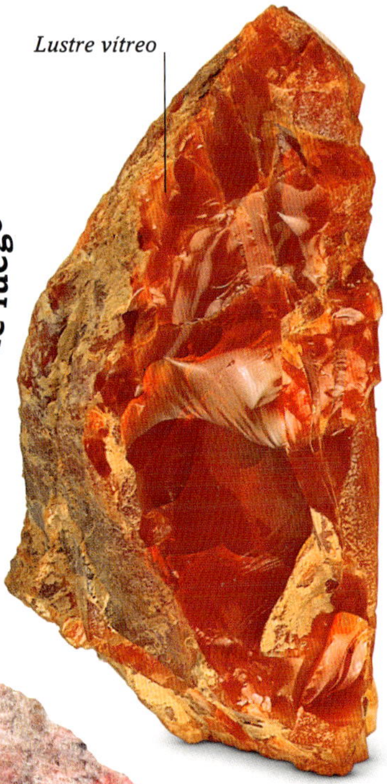

Ópalo de fuego

Depósito de ópalo azul en cavidad de piedra de hierro

Ópalo rosado

Ópalo en roca

Superficie opaca

Ópalo único engastado en oro

Ópalo en bruto

Anillo victoriano

Ópalo sin tallar

ÓPALO PRECIOSO

⊢—*280 mm de longitud*—⊣   ⊢—*280 mm de longitud*—⊣

Olympic Australis   **Hogaza de pan**

Ópalo australiano
El ópalo más grande y valioso jamás hallado se llama Olympic Australis. Tiene 280 mm de longitud, 120 mm de grosor y 115 mm de ancho: el tamaño de una hogaza de pan.

El ópalo es una piedra preciosa compuesta por gel de sílice. Es un mineraloide sin estructura interna regular. Aunque no es un auténtico míneral, sus colores y su brillo nacarado se han apreciado desde la antigüedad.

El **ópalo común** tiene toda una gama de colores, incluidos blancos, pardos y amarillos, e incluso **rosados**. El ópalo es semitransparente y posee un brillo centelleante causado por partículas de sílice que descomponen la luz en juegos de colores en su superficie. Sus fisuras microscópicas

Ópalo negro

Nacarado verde azulado en ópalo negro

Rara variedad de color oscuro

Ópalo chocolate

Oscuro color chocolate

El ópalo Roebling es una gema de **2585 quilates** (517 g).

Ópalo Roebling

Ópalo común

Superficie plana y turbia

Ópalo piña

Las fisuras reflejan la luz

Ópalo tallado en galería

Ópalo de Gilson

El ópalo ha sustituido los cristales de glauberita

Los ópalos artificiales tienen la misma composición que los naturales

(«enrejado») también reflejan la luz. Hoy en día, la mayor fuente de ópalo es Etiopía. La veta de ópalo Lightning Ridge, en Nueva Gales del Sur (Australia), produce el raro **ópalo negro**. El **ópalo de fuego** es el más preciado. El **ópalo en roca** se forma en grandes rocas en las que fluidos ricos en minerales depositan sílice en cavidades y fisuras. El ópalo también sustituye el hueso, la madera y otras partes duras para formar fósiles opalizados. El **ópalo Roebling**, hallado en Nevada (EE UU), se depositó en el hueco que dejó al pudrirse un árbol enterrado.

Piedras decorativas

Ágata de fuego

Ágata

Los cristales microscópicos son de un gel silíceo de endurecimiento lento

Ágata musgosa

Ejemplar con burbujas definidas

Turquesa tallada

Turquesa semipreciosa cortada con una cara superior redondeada y posterior plana (en cabujón)

Patrón como musgo

Ágata musgosa

Las bandas de ágata siguen la silueta de la cavidad

Cuarzo cristalino en el centro

Crisocola

Crisocola azul verdosa

Veta de cobre rojizo

Las piedras decorativas son minerales de colores, muy bellos al ser pulidos. Aunque solo unos cuantos son raros, a veces son más preciados que los metales preciosos. Antiguas civilizaciones consideraban sagradas la turquesa y el lapislázuli.

El **ágata** es una forma microcristalina de cuarzo, también llamada calcedonia. Se forma cuando fluidos ricos en minerales depositan sílice en cavidades de rocas. El cuarzo se deposita en la superficie interior y crea capas que reflejan la forma de la cavidad. Cuando se la corta, ofrece

Corazón de azurita

Veta de malaquita azul verdosa en cristal azul profundo de azurita

Serpentina

Ejemplar con lustre graso

Dumortierita

Superficie pulida

Los budistas creían que el **lapislázuli** alejaba los **malos** pensamientos.

Piedra de luna

Guijarro pulido

Unakita

Su color verde procede del mineral epidota

Sodalita

Vetas blancas de calcita

Lapislázuli

Las motas doradas son diminutas inclusiones de pirita

Labradorita

Combinación irisada de colores en su superficie

Sardónice pulido

Bandas de sardo marrón rojizo y calcedonia blanca

un aspecto a bandas. Las impurezas crean bellos colores, como en el **ágata de fuego**, que obtiene su hermoso tono rojizo de la hematita. Los óxidos de manganeso y la clorita aportan el verde del **ágata musgosa**. El **lapislázuli** es una piedra preciosa cuyo principal componente (la lazurita) le da un intenso color azul. Como la **turquesa**, el lapislázuli fue muy apreciado en la antigüedad. La preciosa **serpentina**, con tonos de verde manzana, puede confundirse con el jade, pero es más blanda. La **piedra de luna** y la **labradorita** son feldespatos empleados en joyería y orfebrería.

FÓSILES

Fósiles

Un fósil es un resto, una impresión o una huella de un organismo que vivió en el planeta. Por lo general, tras la muerte, las partes blandas se descomponen y solo quedan las duras: caparazón, dientes, huesos o madera. Enterrados bajo capas de sedimentos, se acaban convirtiendo en roca. Los fósiles más comunes son de plantas o de animales que antaño vivieron en un mar o lago.

Aleta dorsal

Fósil de Priscacara liops

Conservado en ceniza ❯ Este esqueleto completo de *Priscacara liops* se encontró en el lecho de un lago del Paleógeno que cubrió gran parte del oeste de Wyoming (EE UU). Fina ceniza volcánica cayó en el lago y asfixió a los peces; luego, enterró y conservó sus esqueletos.

Espina

Fosa del ojo

Tipos de fósiles

Tejido blando conservado
• Los tejidos blandos pueden conservarse en sustancias como ámbar (insectos) o hielo (mamuts).

De madera a piedra
• El agua deposita minerales en los poros de una concha o en las células de madera, fosilizando los restos.

Dejar una impresión
• Los sedimentos entierran un objeto, como una hoja. La hoja se pudre y los sedimentos se endurecen; así se crea una huella.

Escultura natural
• Algunos organismos, como las conchas, pueden fosilizarse sin alterarse.

Fósil de una huella
• Algunos seres vivos dejan huellas como pisadas, que se conservan en una roca.

TIEMPO GEOLÓGICO

La cronología geológica de la Tierra se divide en «periodos». Muchos periodos forman una división llamada «era».

Precámbrico (4600–541 Ma)	TIERRA PRIMITIVA
Cámbrico (541–485 Ma)	ERA PALEOZOICA
Ordovícico (485–444 Ma)	
Silúrico (444–419 Ma)	
Devónico (419–359 Ma)	
Carbonífero (359–298 Ma)	
Pérmico (298–252 Ma)	
Triásico (252–201 Ma)	ERA MESOZOICA
Jurásico (201–145 Ma)	
Cretácico (145–66 Ma)	
Paleógeno (66–23 Ma)	ERA CENOZOICA
Neógeno (23–2,6 Ma)	
Cuaternario (2,6 Ma–presente)	

Parientes cercanos ❯ *Priscacara liops* es una especie extinta de pez de mediados del periodo Paleógeno, hace unos 66-23 millones de años (Ma). Parecida a la actual perca, tenía unos 15 cm de longitud y fuertes espinas protectoras en su dorso y cola.

Vida en los antiguos mares

Trilobites

Caparazón acorazado

Graptolitos

Cada graptolito era parte de una colonia de animales

Se han hallado **restos** de trilobites en **todos los continentes** de la Tierra.

Protección de cabeza

Patas articuladas

Coral

Erizos de mar

Corales solitarios crecían en llanuras submarinas

Los erizos de mar (equinoideos) se aferraban a rocas y arrecifes con tallo flexible

Los fósiles más antiguos son células similares a bacterias que vivieron en los océanos hace 3800 millones de años. A lo largo de millones de años se desarrollaron criaturas más complejas. Se trataba de animales invertebrados (sin espina dorsal).

Los fósiles más comunes son restos de animales que vivieron en los mares que cubrían la mayor parte de la Tierra en la antigüedad. Los animales del lecho marino eran los de más fácil fosilización, al quedar enterrados en barro antes de pudrirse. Bacterias, gusanos, medusas y otros animales de

Estrella de mar

Boca

Erizo de mar espinoso

Punto de unión de la espina

Espina

Caparazón de caracol de mar enrollado

Gusanos

Tubos enrollados unos sobre otros, probablemente por una tormenta

Gasterópodo

Cangrejo

Los crustáceos de diez patas han existido desde hace unos 200 millones de años

Amonites

Los amonites navegan erguidos

ENTRAÑAS FOSILIZADAS

Rostro de belemnites

Caparazón interno *en forma de bala, llamada «rostro» (o rostrum)*

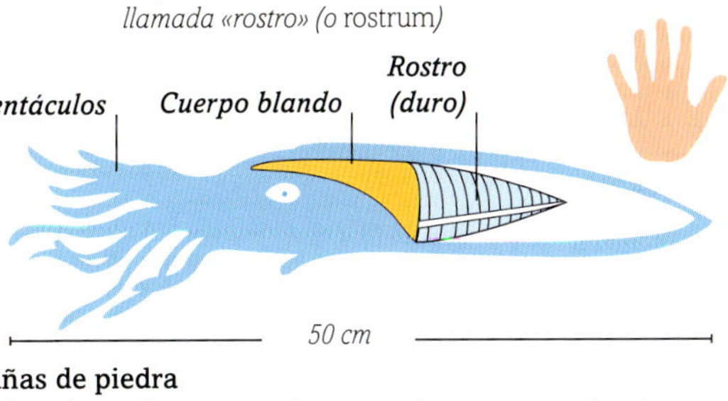

Tentáculos **Cuerpo blando** **Rostro (duro)**

50 cm

Entrañas de piedra

Los belemnites, criaturas semejantes a calamares, se extinguieron al mismo tiempo que los dinosaurios. Tenían un caparazón rígido interno llamado «rostro» (o *rostrum*), que constituye un fósil bastante habitual.

---

cuerpo blando no fosilizan bien. Lo que parece un fósil de **gusanos** es, en realidad, el de los tubos rígidos en los que vivían. Los invertebrados con caparazones y partes internas rígidas se conservan mejor, como los **trilobites** que, protegidos por su coraza, dominaron los lechos marinos hace entre 520 y 250 millones de años. Los **graptolitos**, como el **coral**, fueron los hogares de colonias de animales blandos. **Cangrejos, estrellas de mar** y **erizos de mar** son similares a especies actuales de hábitats rocosos. Los **amonites** son las conchas de los antepasados del pulpo y el calamar.

Fósiles de peces

Xiphactinus

Una sola fosa contenía ambos ojos

Longitud típica: 30 cm

Mandíbulas invertidas llenas de afilados caninos

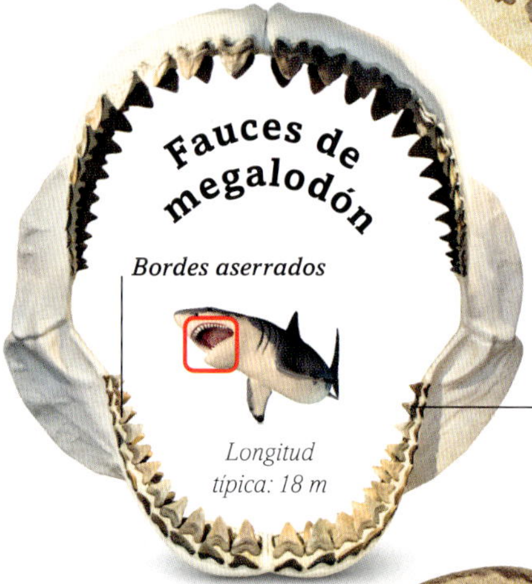

Bothriolepis

Fauces de megalodón

Bordes aserrados

Longitud típica: 18 m

Poderosos dientes de hasta 18 cm

Pez pulmonado

Las anchas aletas removían el fondo buscando alimento

Pesado escudo óseo

Aletas sostenidas por huesos internos como colmillos

Mandíbula de Helicoprion

Dientes nuevos, más pequeños

Heliobatis

Dientes maduros, crecidos

Longitud típica: 7,5 m

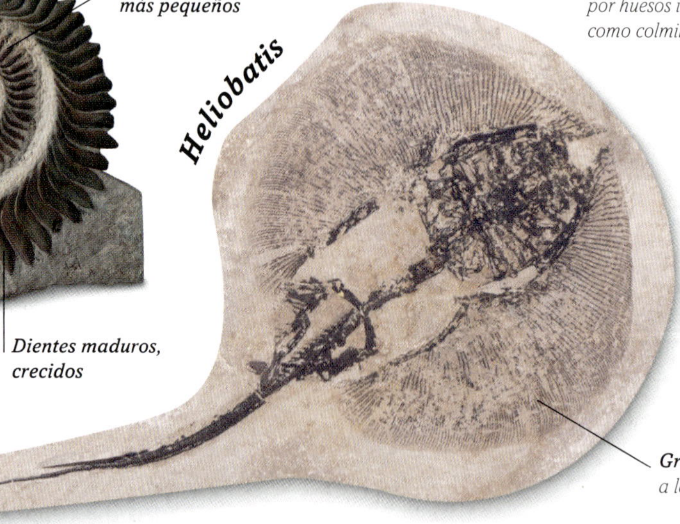

Dientes romos, en forma de lágrima, para abrir crustáceos

Gran aleta pectoral similar a la de las actuales rayas

Los primeros vertebrados (animales con espina) fueron peces. Una espina dorsal o columna vertebral soporta un esqueleto óseo en el cuerpo. Anfibios, reptiles, mamíferos y aves son vertebrados descendientes de los peces.

Los primeros peces no tenían mandíbulas. Cribaban los blandos sedimentos del lecho marino en busca de sabrosos bocados. Los peces desarrollaron los primeros huesos, cartílago (el tejido flexible de las articulaciones) y dientes. Los primeros peces con mandíbula, como el

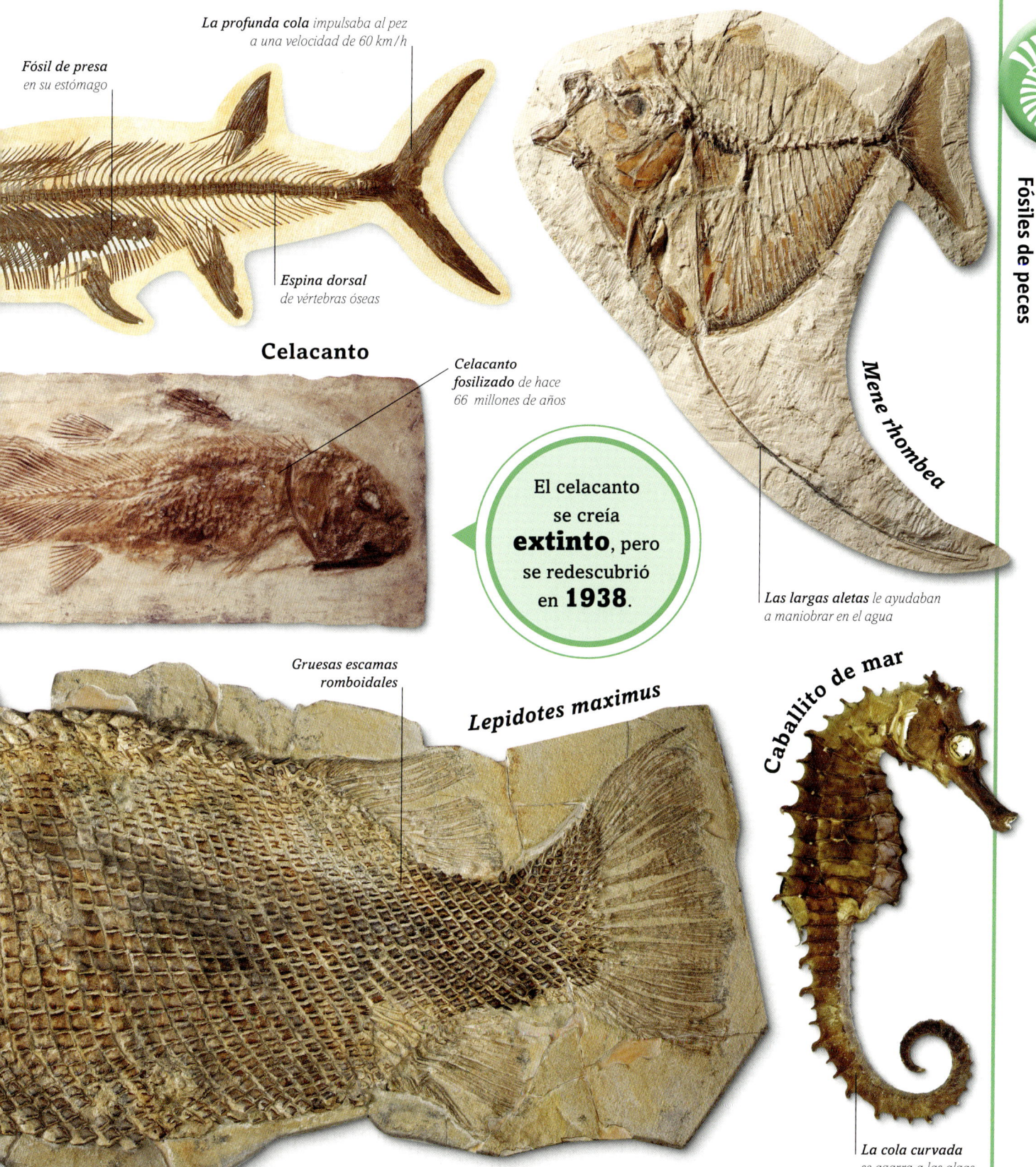

La profunda cola impulsaba al pez
a una velocidad de 60 km/h

Fósil de presa
en su estómago

Espina dorsal
de vértebras óseas

Celacanto

Celacanto
fosilizado de hace
66 millones de años

El celacanto
se creía
extinto, pero
se redescubrió
en **1938**.

Mene rhombea

Las largas aletas le ayudaban
a maniobrar en el agua

Gruesas escamas
romboidales

Lepidotes maximus

Caballito de mar

La cola curvada
se agarra a las algas

Bothriolepis, tenía la cabeza y las aletas cubiertas por una coraza ósea, para protegerse de depredadores marinos. En lugar de hueso, los esqueletos de tiburones y rayas son de cartílago. El **Helicoprion**, parecido a un tiburón, tenía 180 dientes en una extraña espiral similar a una sierra. Rayas como el **Heliobatis** se remontan a hace 56 millones de años, y son casi planas. Su cola, como un látigo, tenía hasta tres púas cargadas de veneno. Pero quizá el más temible fuera el **megalodón** (Carcharocles megalodon), con 18 m de longitud: el mayor tiburón que jamás ha habido.

Fósiles de plantas

Cooksonia

El ***delgado tallo*** *solo se ramifica una vez*

Cápsula con esporas

Liquen

Fósil compuesto de capas *de entre 1 y 2 mm de grosor*

El ***cuerpo producía aceites*** *que evitaban que se secara al sol*

Hepática

Corteza con superficie escamosa

Lepidodendron

Archaeopteris

Forma arbórea *con tronco y ramas*

Hojas como las de helecho

Ginkgo

Hojas con forma de abanico

Trigonocarpus

Semilla fosilizada

El **ginkgo**, un fósil viviente, no ha cambiado en **270** millones de años.

El surgimiento de las primeras plantas terrestres fue un acontecimiento clave. Allanó el camino para la evolución de la vida animal terrestre, y fue el punto de partida de la amplia variedad de plantas que conocemos.

Mediante la fotosíntesis, las plantas convierten la luz solar en energía, que usan para crecer. Las primeras plantas en aprender este truco fueron las algas. Los **líquenes** y las **hepáticas** aparecieron hace unos 450 millones de años (Ma). Sin hojas, plantas primitivas como la ***Cooksonia***

Glossopteris

Hoja con forma de lengua

REGISTRO FÓSIL

Pruebas de un supercontinente

Los científicos hallaron fósiles de *Glossopteris* de hace unos 200 Ma en los cinco continentes. Esto demuestra que debieron haber formado parte de un solo supercontinente, Gondwana, en aquella época.

Clave
- América del Norte
- América del Sur
- Eurasia
- África
- Antártida

Hallazgos de fósiles de Glossopteris

Zamites

Fósil *creado donde hojas se imprimieron en el sedimento blando*

Piña

Tejido leñoso *sustituido por mineral*

Roble

Tronco petrificado

Piña productora de semillas, *sustituida por mineral de sílice*

transportaban fluidos por el cuerpo mediante tubos internos. Racimos de células sensibles a la luz se convirtieron en ojos hace unos 360 Ma. Los pantanos prehistóricos contenían plantas musgosas, como el **Lepidodendron**, y helechos, como el **Archaeopteris**. Gracias a tejidos leñosos que soportaban su peso se convertían en árboles y se reproducían por esporas. Cícadas similares a palmeras, como las **Zamites**, desarrollaron las primeras semillas, capaces de resistir sequías. Las plantas con flor, como el **roble**, surgieron hace unos 130 Ma.

ÁRBOLES DE PIEDRA
La luz del sol ilumina troncos de roca maciza que surgen del suelo como si fuesen troncos de leña. Son restos petrificados de un bosque prehistórico en el desierto Pintado, en Arizona (EE UU). La petrificación es un proceso por el cual la materia orgánica se convierte en piedra. Los minerales, que sustituyeron la materia orgánica de los árboles y los convirtieron en piedra, brillan en tonos rojizos.

Hace unos 225 millones de años, Arizona (EE UU) estaba en el borde suroeste del supercontinente Pangea. Situado cerca del ecuador, su clima húmedo albergaba una amplia variedad de helechos, cícadas, ginkgos y altas coníferas. Arroyos que bajaban desde las montañas, atravesando la llanura, pasaban por estos grandes bosques, depositando limo y enterrando árboles y vegetación. Cada cierto tiempo, los volcanes depositaban cenizas sobre la región. El agua disolvía el sílice de la ceniza y bañaba los troncos enterrados al colarse por el sedimento húmedo. Poco a poco, cristales de cuarzo crecieron dentro de los árboles y reemplazaron las estructuras leñosas, hasta que solo quedó piedra.

Animales terrestres

Eusthenopteron foordi

Extremidad de *Ichthyostega*

*Como todos los **tetrápodos**, este anfibio seguía un patrón óseo de uno-dos-muchos en sus extremidades: uno en el brazo, dos en el antebrazo, muchos en la mano*

Longitud típica: 3,3 m

Eryops

Microsaurio

Corta cola

Cráneo de Cynognathus

Hendiduras en el hocico indican que este mamífero tenía bigotes

Longitud típica: 1 m

Potentes mandíbulas para devorar duras semillas de helechos

Hyperodapedon

Garras traseras para excavar raíces y tubérculos

Hace unos 395 millones de años (Ma), los tetrápodos surgieron de los peces. Serían los primeros vertebrados en pasar del agua a tierra firme. El estudio de fósiles ha ayudado a los científicos a comprender cómo se adaptaron a este nuevo entorno.

Para sobrevivir en tierra, los animales necesitaban pulmones para respirar y patas para caminar. Esto implicaba un esqueleto que soportara su peso corporal y unas extremidades fuertes para desplazarse. Hace unos 385 Ma, «peces con patas» de aletas lobuladas, como el *Eusthenopteron*,

Sus fuertes aletas *le permitían a este pez propulsarse por tierra, pese a vivir en el agua*

Cráneo de Proganochelys

Longitud típica: *1 m*

TORTUGA GIGANTE

Tortuga laúd
Mayor tortuga existente
Longitud del caparazón: 2 m

Stupendemys
Mayor tortuga jamás hallada
Longitud del caparazón: 3,3 m

Gran aleta
Los fósiles de *Stupendemys*, una especie prehistórica de tortuga de agua dulce, se han hallado en América del Sur. Era más de una vez y media más grande que cualquier tortuga de hoy en día.

Tortuga extinta más antigua conocida

Cráneo de Deinosuchus

Longitud típica: *12 m*

Las **mandíbulas** del *Deinosuchus* tenían tanta fuerza como las del *Tyrannosaurus rex.*

Afilados dientes *de carnívoro*

Este extinto cocodrilo *alcanzaba los 12 m de longitud, más que un autobús*

Trionyx

Blando caparazón correoso

Rana

Raro fósil completo *de una rana de hace entre 8 y 6 Ma*

poseían muchos de estos rasgos. A medio camino entre un pez y un anfibio, el *Ichthyostega*, era capaz de pasar cortos periodos en tierra. Los **microsaurios** eran anfibios primitivos con pequeñas patas que les permitían vivir en tierra firme. El *Eryops* vivía bien en tierra firme, pero desovaba en el agua. Los modernos anfibios, como las **ranas**, aún son parcialmente acuáticos. Los primitivos tetrápodos evolucionaron para convertirse en los ancestros de dinosaurios *(Hyperodapedon)*, cocodrilos *(Deinosuchus)* e incluso mamíferos *(Cynognathus)*.

135

Reptiles marinos

Hocico largo y estrecho

Sus largas mandíbulas sugieren que cazaba peces

Askeptosaurus

Cazar en aguas profundas requirió los mayores ojos jamás vistos en vertebrados.

Cabeza triangular en cuello largo

Keichousaurus

Pies palmeados útiles para la vida acuática

Anillo de huesos en torno a la cavidad ocular

Ictiosaurio

Una gran cola impulsa el estilizado cuerpo

Los mares poco profundos del Jurásico estaban llenos de «monstruos». Reptiles gigantescos merodeaban cazando peces, persiguiendo crustáceos y devorándose entre sí. Conservados en limos marinos de fino grano, constituyen bellos fósiles.

Lagartos oceánicos como *Askeptosaurus* fueron algunos de los primeros reptiles en rondar los océanos del Triásico. Con hasta 2 m de longitud y con una fuerte cola como un remo, eran rápidos depredadores. Los notosauroideos fueron otro grupo de reptiles marinos. Incluía al piscívoro

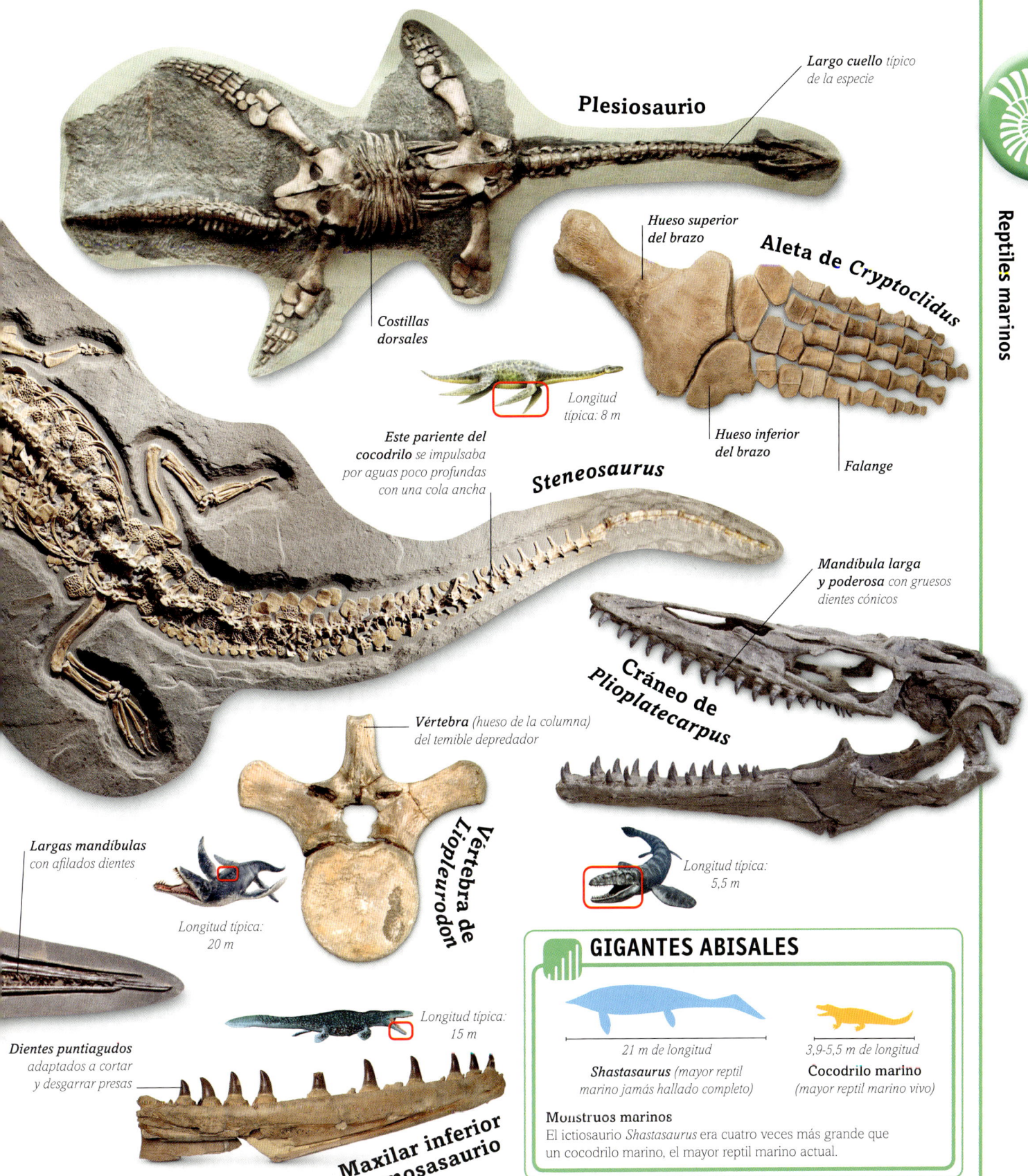

Plesiosaurio

Largo cuello típico de la especie

Costillas dorsales

Hueso superior del brazo

Aleta de Cryptoclidus

Hueso inferior del brazo

Falange

Longitud típica: 8 m

Este pariente del cocodrilo se impulsaba por aguas poco profundas con una cola ancha

Steneosaurus

Mandíbula larga y poderosa con gruesos dientes cónicos

Cráneo de Plioplatecarpus

Vértebra (hueso de la columna) del temible depredador

Vértebra de Liopleurodon

Largas mandíbulas con afilados dientes

Longitud típica: 20 m

Longitud típica: 5,5 m

Dientes puntiagudos adaptados a cortar y desgarrar presas

Longitud típica: 15 m

Maxilar inferior de mosasaurio

GIGANTES ABISALES

21 m de longitud

3,9-5,5 m de longitud

Shastasaurus (mayor reptil marino jamás hallado completo)

Cocodrilo marino (mayor reptil marino vivo)

Monstruos marinos
El ictiosaurio *Shastasaurus* era cuatro veces más grande que un cocodrilo marino, el mayor reptil marino actual.

Keichousaurus y vivían como las actuales focas, cazando en el agua pero calentándose al sol sobre rocas. Mientras tanto, «peces lagarto» o **ictiosaurios**, con formas como los actuales delfines y tiburones, volaban por el agua. **Plesiosaurios** de largos cuellos, como el

Cryptoclidus, poseían el clásico aspecto del monstruo del lago Ness. También los había con el cuello corto, como *Liopleurodon*, más grandes que un cachalote. Estos animales se extinguieron al mismo tiempo que los dinosaurios, hace 66 millones de años.

Reptiles voladores

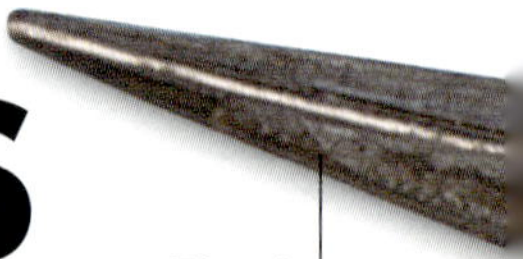

Pico sin dientes

Dientes con tres coronas para desgarrar mejor la presa

Eudimorphodon

Afiladas garras para aferrar mejor

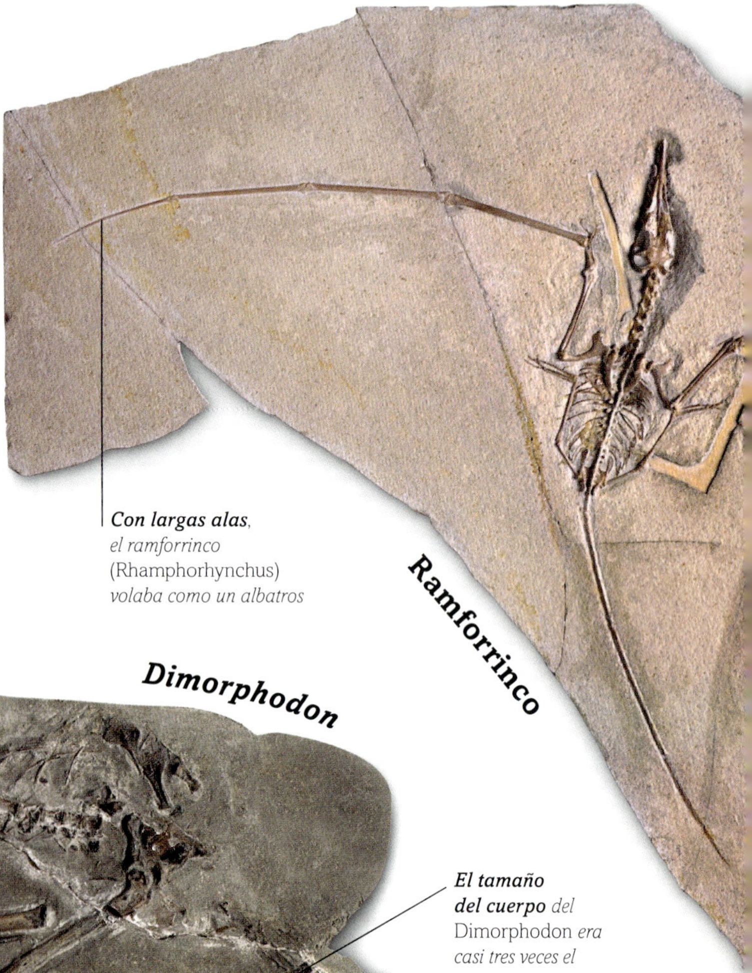

Con largas alas, el ramforrinco (Rhamphorhynchus) volaba como un albatros

Ramforrinco

Dimorphodon

El tamaño del cuerpo del Dimorphodon era casi tres veces el de su cabeza

Envergadura: 1,4 m

Los pterosaurios (lagartos alados) dominaron el cielo del Mesozoico. Antes de que surgieran las aves, eran los únicos vertebrados voladores. Parientes de los dinosaurios, vivieron hace entre 255 y 66 millones de años.

Uno de los más antiguos conocidos es el *Eudimorphodon* (210 millones de años). Este pequeño pterosaurio tenía una envergadura de 1 m. Ágil en el aire, seguramente cazaba insectos al vuelo. El **ramforrinco** tenía larga cola y alas, pero una cabeza corta.

Pteranodon

Las crestas de los machos eran más largas que las de las hembras

La inmensa cresta es un 75 por ciento de la superficie del cráneo

Envergadura: hasta 7 m

Thalassodromeus

Envergadura: 4,5 m

Afilado pico invertido, que pudo usar para remover la superficie en busca de peces

Pterodáctilo

Gracias a sus pies palmeados caminaba sobre barro sin hundirse

El hueso puede haber sostenido una cresta de vívidos colores

Tupuxuara

Huesos finos y huecos reducían el peso del pterosaurio al mínimo

Algunos expertos creen que el *Quetzalcoatlus* podía volar a hasta **170 km/h**.

Pequeña abertura para el ojo

Envergadura: hasta 10 m

LA MAYOR ENVERGADURA

Spitfire
11,23 m de longitud

Quetzalcoatlus
10 m de longitud

Extendido
La envergadura del *Quetzalcoatlus* casi igualaba la del caza de la Segunda Guerra Mundial Spitfire.

Quetzalcoatlus

El **Pteranodon** era enorme, con alas de hasta 7 m de envergadura. Pterosaurios como el **Thalassodromeus** o el **pterodáctilo** *(Pterodactylus)* poseían colas cortas, extremidades largas, grandes cabezas y cuellos, y dominaban los cielos. Sus alas eran una membrana de piel extendida entre un larguísimo cuarto dedo y sus patas traseras. Gracias a estas alas correosas sobrevolaban el océano, zambulléndose para cazar peces. El mayor pterosaurio fue el **Quetzalcoatlus**, con una envergadura de 10 m de punta a punta de ala.

Monstruos carnívoros

Huevos de Oviraptor

Nido fosilizado de huevos de Oviraptor

Coprolitos

Restos de huesos sin digerir en las heces (coprolitos) muestran la dieta del dinosaurio

Huella de Megalosaurus

Las huellas de dinosaurios en las rocas nos enseñan cómo se movían

Longitud típica: 9 m

La larga cola se soportaba gracias a fuertes músculos

Cráneo de Deinonychus

Dientes curvados y serrados para cortar la carne de la presa

Longitud típica: 3 m

El ***T-rex*** podía devorar **230 kg** de carne de un solo bocado.

Cuando se descubrieron por primera vez fósiles de dinosaurios, se pensó que eran huesos de animales actuales. Al estudiar el puzle de huesos, empezó a evidenciarse que se trataba de restos de animales extinguidos hacía mucho tiempo.

Los primeros cazadores de fósiles los llamaron dinosaurios, que significa «lagartos terribles». El *Megalosaurus* fue el primero en ser identificado, y tenía los dientes largos y curvos de un carnívoro. Uno de los depredadores terrestres más poderosos que jamás han existido es el *Tyrannosaurus*. Gran

Cráneo de *Baryonyx*

Restos de dinosaurios en el **estómago** muestran que *Baryonyx* también comía animales terrestres.

Longitud típica: 9,5 m

Los dientes de Baryonyx *se parecen a los de los cocodrilos piscívoros*

Longitud típica: 2 m

Garra de *Velociraptor*

Garra larga y afilada

Tyrannosaurus rex (T-rex)

Mandíbulas diseñadas para quebrar hueso

Los ojos orientados hacia delante le daban una visión excelente a este cazador

Cuello estilizado

Allosaurus

Dientes afilados y serrados

Sus brazos de dos dedos aferraban presas, pero eran muy cortos para llegar a la boca

Coelophysis

Huesos huecos en extremidades, como las aves

Cuarto dedo, corto, en el lado interior de cada pie

corredor gracias a sus poderosas patas, tenía dientes que quebraban huesos y lo convertían en un temible cazador. Los dientes del ***Allosaurus*** parecían puñales; mientras que los de ***Baryonyx*** eran puntiagudos para perforar la resbaladiza piel de los peces. No todos los carnívoros eran

grandes. ***Coelophysis*** era un esbelto cazador de unos 3 m de longitud. El ***Velociraptor*** era incluso más pequeño, pero con sus garras atacaba presas como pequeños dinosaurios, mamíferos y lagartos. Estaba cubierto de plumas, pero no volaba, y es un antepasado de las aves.

Herbívoros

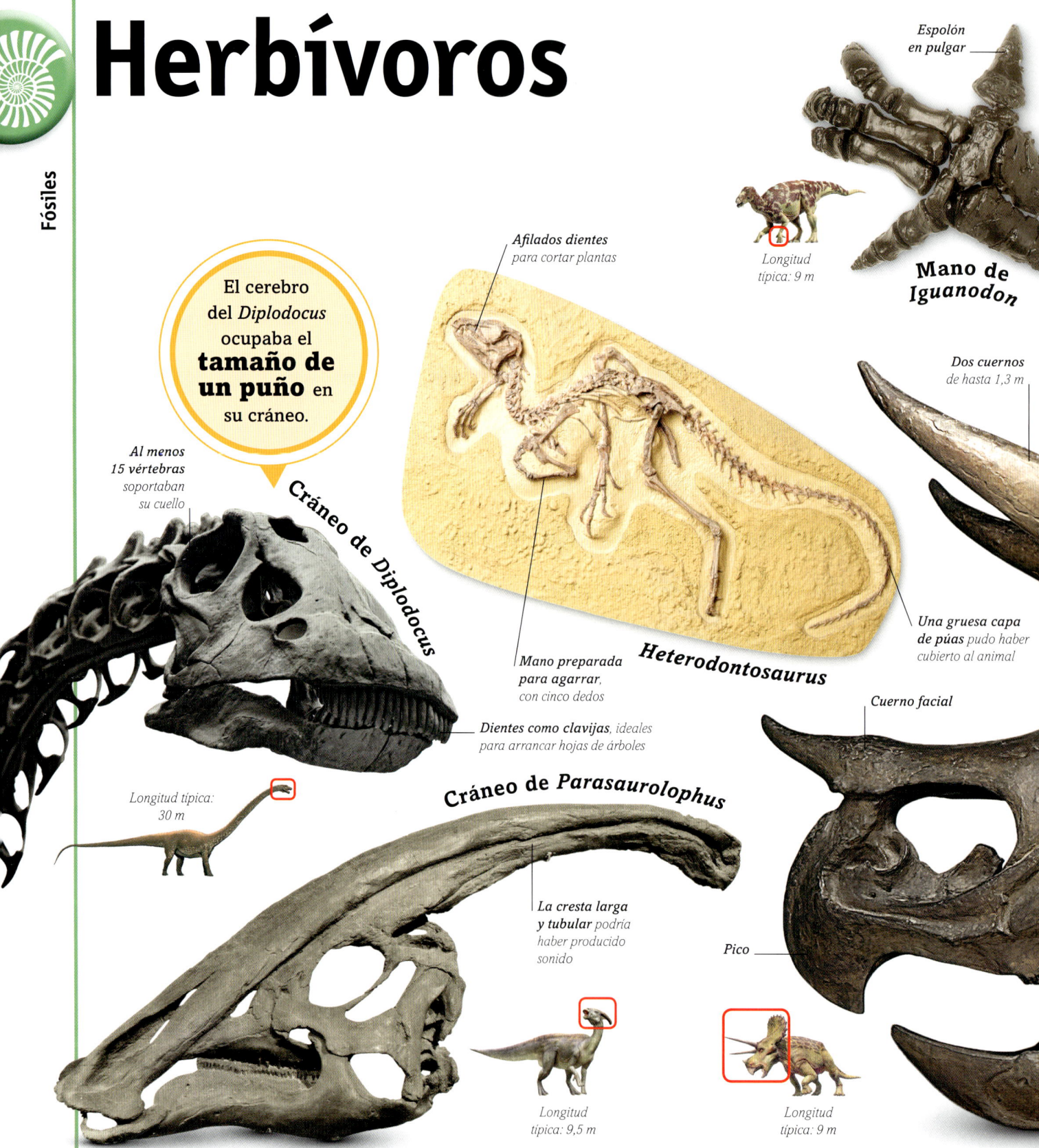

Espolón
en pulgar

Mano de
Iguanodon

Afilados dientes
para cortar plantas

Longitud
típica: 9 m

El cerebro
del *Diplodocus*
ocupaba el
**tamaño de
un puño** en
su cráneo.

Dos cuernos
de hasta 1,3 m

*Al menos
15 vértebras
soportaban
su cuello*

Cráneo de Diplodocus

Heterodontosaurus

*Una gruesa capa
de púas pudo haber
cubierto al animal*

*Mano preparada
para agarrar,
con cinco dedos*

Cuerno facial

*Dientes como clavijas, ideales
para arrancar hojas de árboles*

Cráneo de Parasaurolophus

*Longitud típica:
30 m*

*La cresta larga
y tubular podría
haber producido
sonido*

Pico

*Longitud
típica: 9,5 m*

*Longitud
típica: 9 m*

Amén de los dinosaurios depredadores, otros gigantes mucho menos agresivos ocuparon la Tierra. Los más grandes y largos eran herbívoros, y tenían que pastar constantemente para obtener suficiente energía como para mantener sus cuerpos.

Los fósiles han revelado dinosaurios herbívoros de todos los tamaños y formas, con curiosos rasgos y hábitos. Muchos, como el *Triceratops*, desgarraban tallos y hojas con un pico. El *Euoplocephalus* era un animal solitario con una gruesa coraza y una poderosa porra en la cola

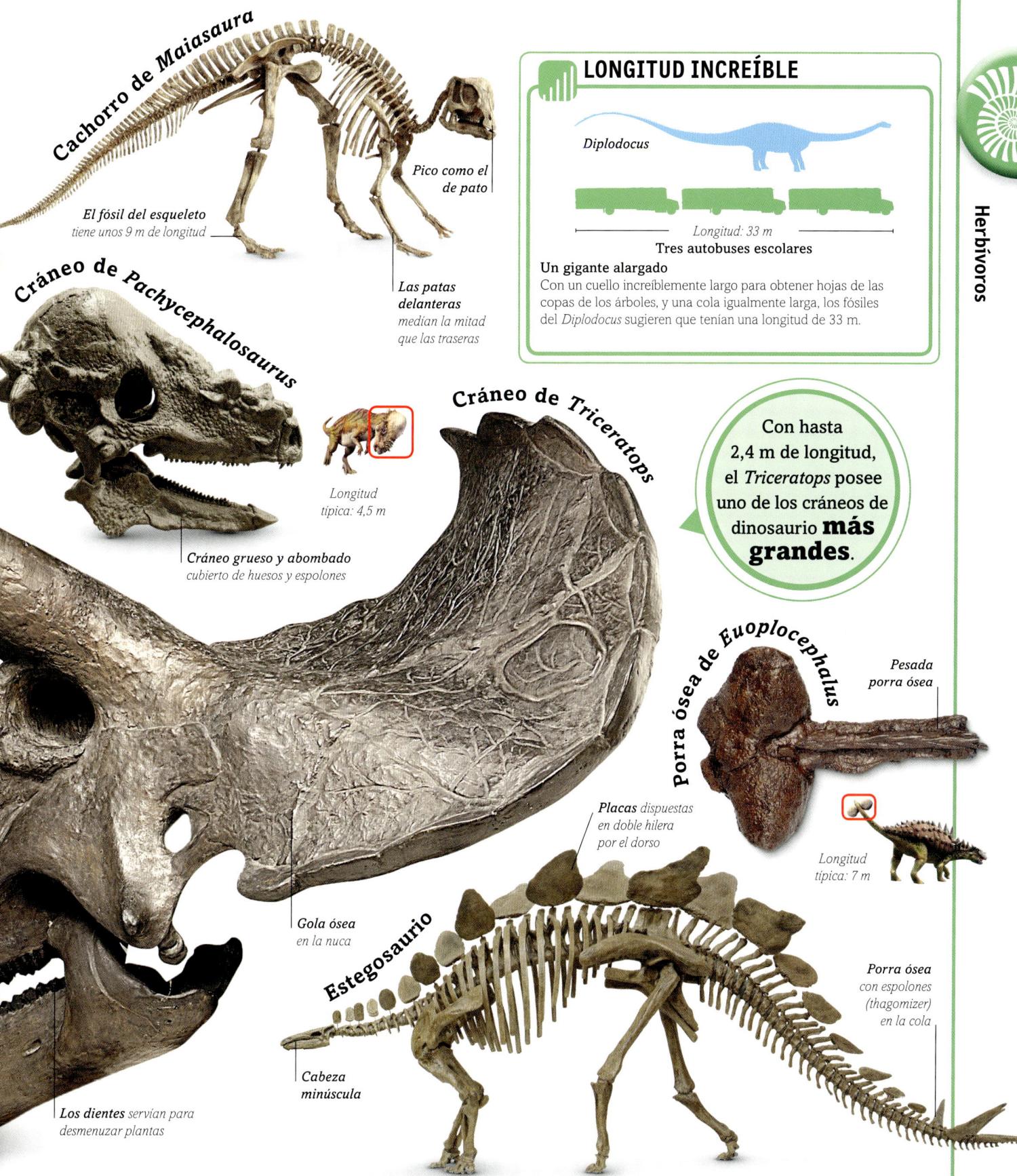

Cachorro de Maiasaura

El fósil del esqueleto
tiene unos 9 m de longitud

Pico como el
de pato

Las patas
delanteras
medían la mitad
que las traseras

Cráneo de Pachycephalosaurus

Longitud
típica: 4,5 m

Cráneo grueso y abombado
cubierto de huesos y espolones

Cráneo de Triceratops

Gola ósea
en la nuca

Los dientes servían para
desmenuzar plantas

LONGITUD INCREÍBLE

Diplodocus

Longitud: 33 m
Tres autobuses escolares

Un gigante alargado
Con un cuello increíblemente largo para obtener hojas de las
copas de los árboles, y una cola igualmente larga, los fósiles
del *Diplodocus* sugieren que tenían una longitud de 33 m.

Con hasta
2,4 m de longitud,
el *Triceratops* posee
uno de los cráneos de
dinosaurio **más
grandes**.

Porra ósea de Euoplocephalus

Pesada
porra ósea

Longitud
típica: 7 m

Placas dispuestas
en doble hilera
por el dorso

Porra ósea
con espolones
(thagomizer)
en la cola

Estegosaurio

Cabeza
minúscula

para defenderse, mientras que el **Maiasaura**
y el **Iguanodon** preferían defenderse y pastar en
grupo. A veces, solo podemos especular con lo
que hacían los dinosaurios. ¿Servían las enormes
placas del dorso del **estegosaurio** para atraer
pareja o para hacerlo parecer mayor? El

Pachycephalosaurus tenía un cráneo abombado
de al menos 20 cm de grosor. ¿Tal vez para
competir a cabezazos por el puesto dominante.
Y, quizá, el **Parasaurolophus** se comunicaba
con una cresta tubular, produciendo un sonido
de trompeta, como un elefante.

143

Dinopájaros

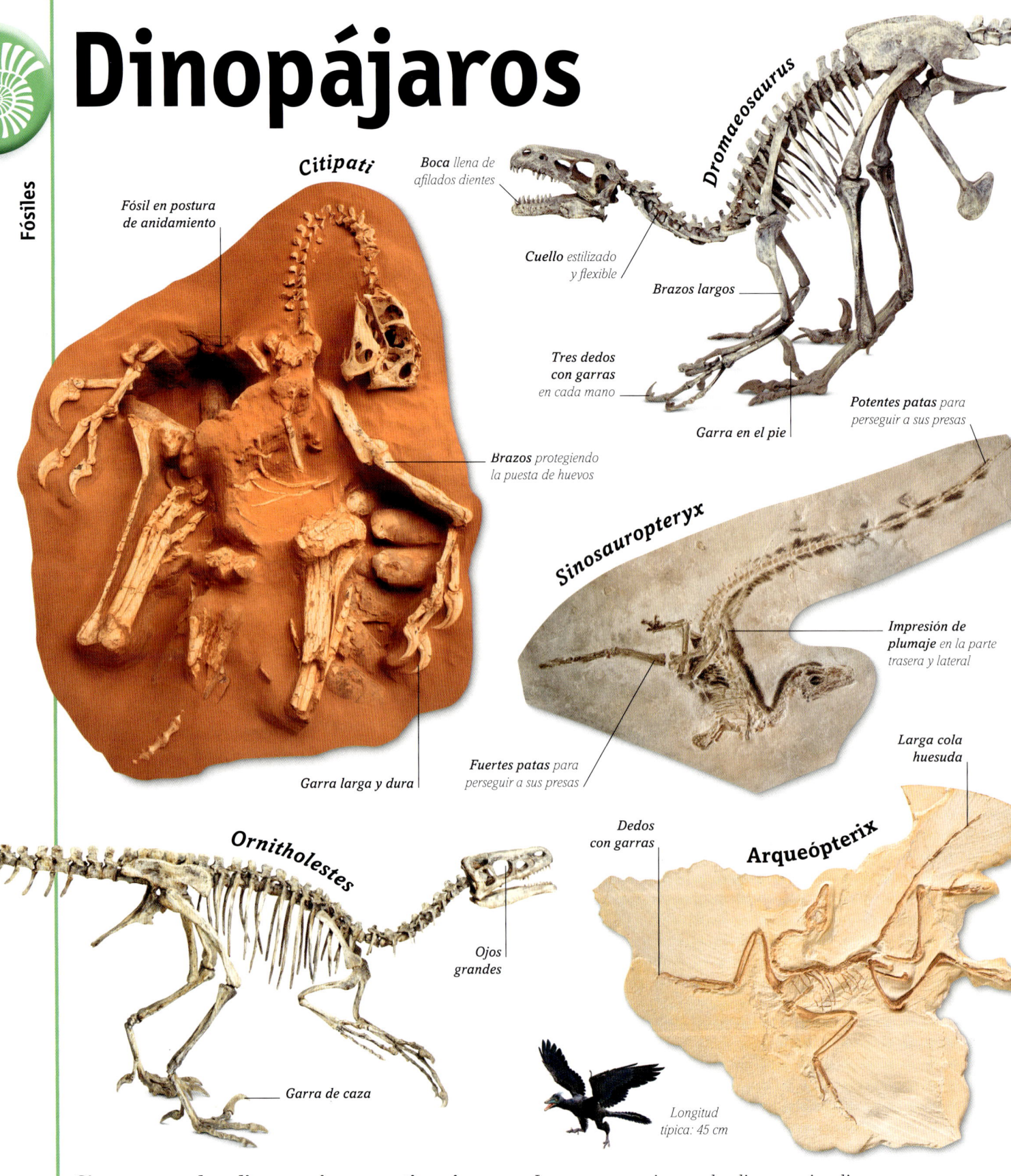

Citipati

Fósil en postura de anidamiento

Boca llena de afilados dientes

Dromaeosaurus

Cuello estilizado y flexible

Brazos largos

Tres dedos con garras en cada mano

Brazos protegiendo la puesta de huevos

Potentes patas para perseguir a sus presas

Garra en el pie

Sinosauropteryx

Impresión de plumaje en la parte trasera y lateral

Garra larga y dura

Fuertes patas para perseguir a sus presas

Larga cola huesuda

Dedos con garras

Arqueópterix

Ornitholestes

Ojos grandes

Garra de caza

Longitud típica: 45 cm

Si crees que los dinosaurios se extinguieron hace 66 millones de años… te equivocas. Hay tantas similitudes entre los dinosaurios terópodos y las aves que los científicos creen que aquellos fueron los ancestros de estas.

Las aves surgieron de dinosaurios ligeros con garras, como el ***Dromaeosaurus***. Los fósiles de ***Citipati***, del tamaño de emúes, se suelen hallar empollando huevos. Como las aves, empleaban el calor corporal para desarrollar los huevos. El ***Sinosauropteryx***, del tamaño de un pavo, fue el

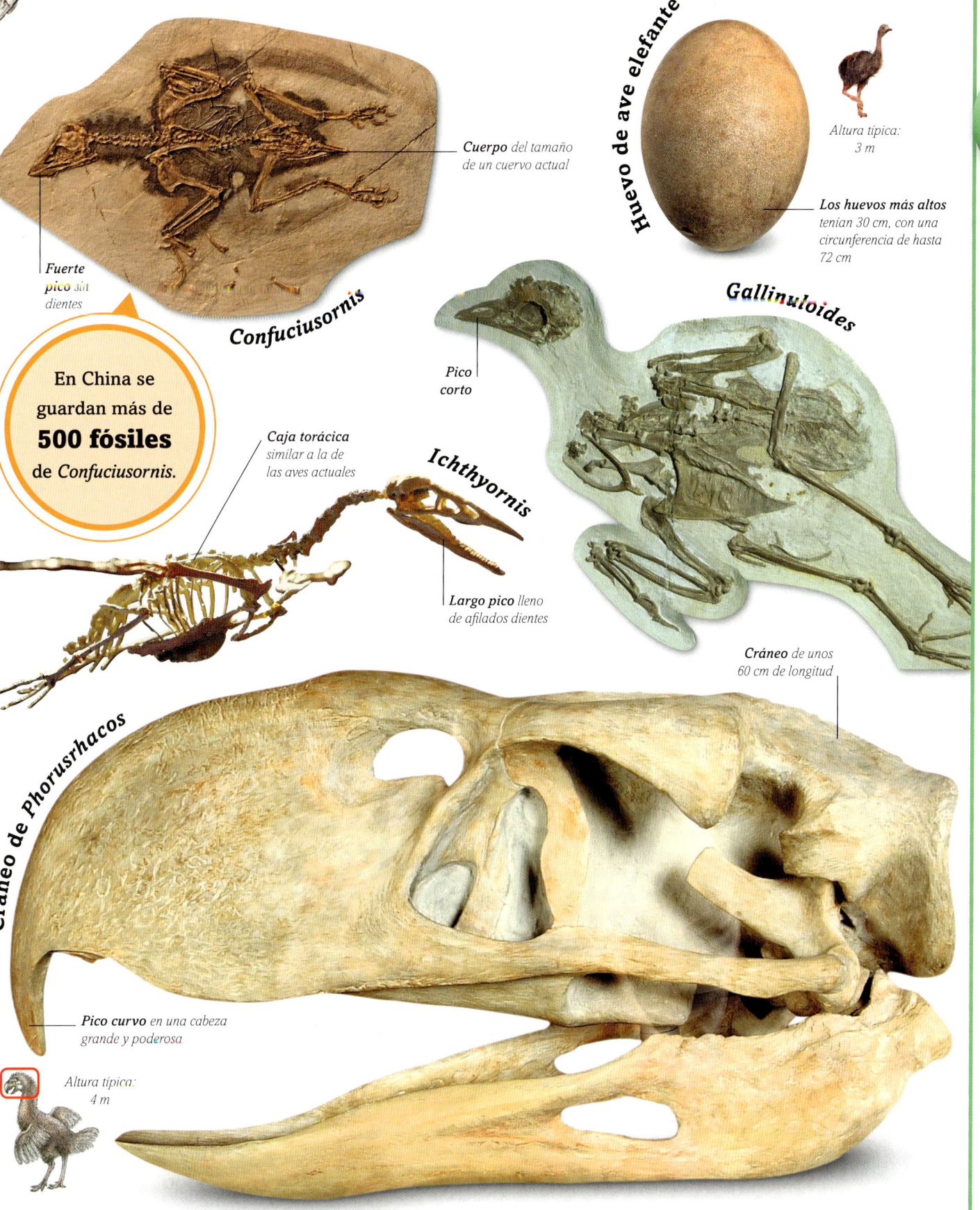

Cuerpo del tamaño de un cuervo actual

Huevo de ave elefante

Altura típica:
3 m

Los huevos más altos tenían 30 cm, con una circunferencia de hasta 72 cm

Fuerte pico sin dientes

Confuciusornis

Gallinuloides

Pico corto

En China se guardan más de **500 fósiles** de *Confuciusornis*.

Caja torácica similar a la de las aves actuales

Ichthyornis

Largo pico lleno de afilados dientes

Cráneo de unos 60 cm de longitud

Cráneo de Phorusrhacos

Pico curvo en una cabeza grande y poderosa

Altura típica:
4 m

primer dinosaurio con plumas que se halló. Las plumas muestran tiras cobrizas y otras más claras en la cola. El **arqueópterix** (*Archaeopteryx*), de hace 150 millones de años, tiene rasgos de reptil y ave. Poseía alas preparadas para el vuelo como las aves, pero un pico dentado y garras en las alas, y una cola ósea como los dinosaurios. Un ave posterior, *Ichthyornis*, fue el equivalente cretácico a una gaviota, y sobrevolaba el mar buscando peces. La mayor parte de las aves actuales son pequeñas aves canoras, muy alejadas de los gigantescos *Phorusrhacos*.

MICRORAPTOR
Este fósil bellamente conservado de *Microraptor*, hallado en la provincia china de Liaoning, muestra restos de su denso plumaje. Sin embargo, estas plumas tenían algo especial. A diferencia de la cobertura corporal de otros dinosaurios emplumados, esta no era para abrigarse. Se trata de plumas largas, esbeltas y aerodinámicas, útiles para una sola cosa: planear.

Este pequeño dinosaurio raptor vivió hace 130 millones de años en un bosque. *Microraptor* superaba en una cosa a las aves modernas: con patas delanteras y traseras emplumadas, tenía… ¡cuatro alas! Era un planeador que carecía de músculos para el vuelo activo. Las finas plumas asimétricas tenían ganchos microscópicos (bárbulas) que se unían entre sí formando una superficie de vuelo lisa. Además, poseía un denso plumaje por todo el cuerpo y hasta la cola. Un abanico en forma de diamante en la cola proporcionaba estabilidad adicional en vuelo. En 2012 se hallaron pigmentos en la base de las plumas que demostraban que, en vida, el *Microraptor* era oscuro, con plumas negras iridiscentes, como los estorninos.

Primeros mamíferos

Los bordes de los molares *encajan para una mejor masticación*

Mandíbula de Morganucodon

Longitud típica: 9 cm

Longitud típica: 1,5 m

Cráneo de Thylacoleo

Las altas vértebras *(huesos del cuello) permitían fuertes músculos*

Los enormes molares *cortan carne como alicates*

Incisivos en sierra, *como un cuchillo de cocina*

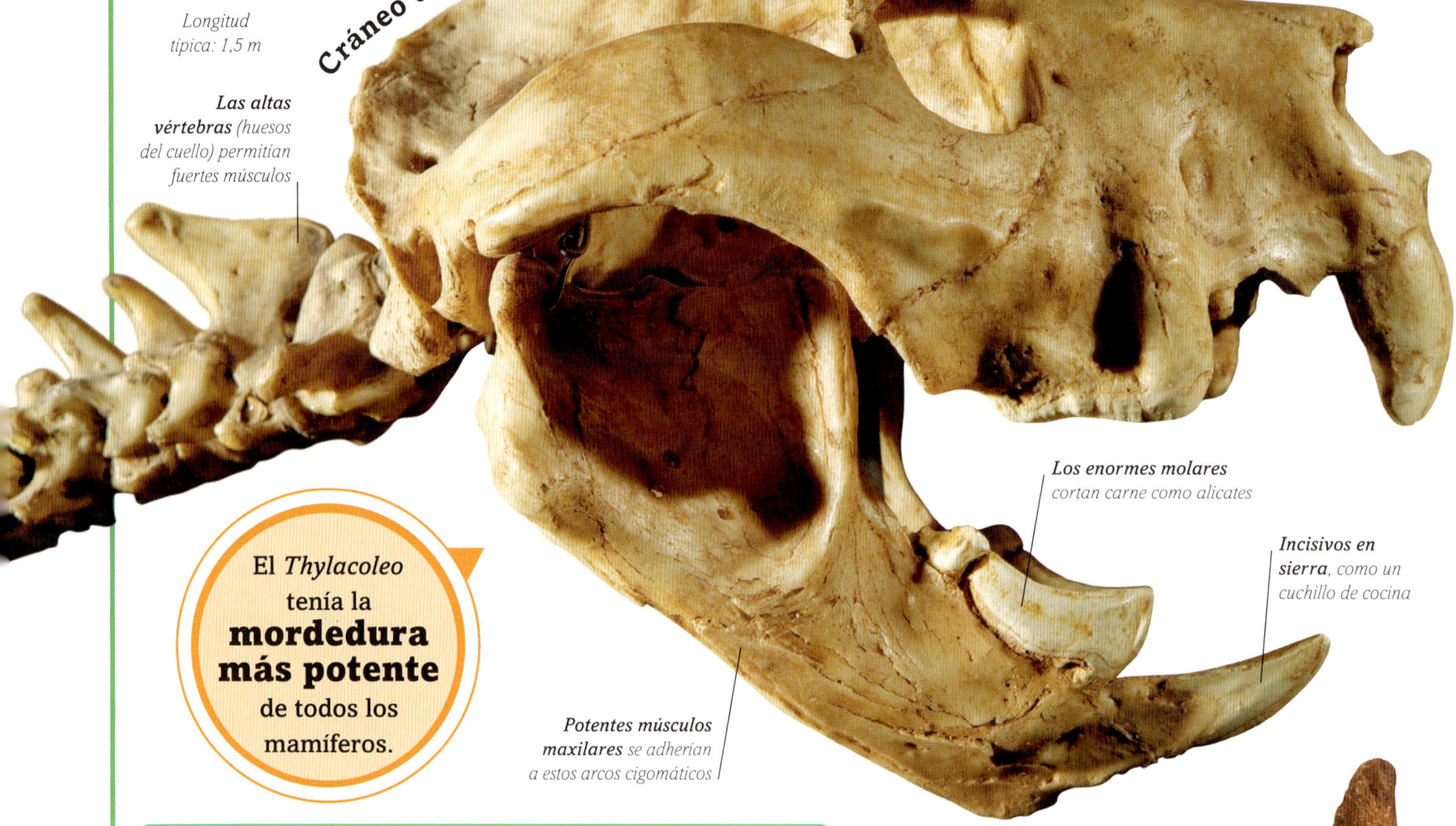

El *Thylacoleo* tenía la **mordedura más potente** de todos los mamíferos.

Potentes músculos maxilares *se adherían a estos arcos cigomáticos*

Dientes *con muchas crestas y coronas*

EXTINCIÓN MASIVA

Dinosaurios Pterosaurios Mosasaurios Plesiosaurios

Extinción masiva
La gran extinción de hace 66 millones de años acabó con el 70 por ciento de las especies. Dinosaurios, pterosaurios, mosasaurios y plesiosaurios desaparecieron.

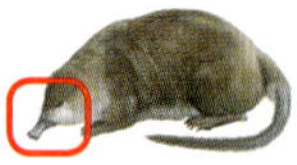

Mandíbula de desmán

Longitud típica: 20 cm

Los primeros mamíferos (animales de sangre caliente que alimentan a sus crías con leche) surgieron hace unos 245 millones de años. Como grupo, triunfaron cuando los dinosaurios se extinguieron, hace 66 millones de años.

La mayoría de los mamíferos dan a luz crías vivas, pero no todos lo hacen. El *Morganucodon*, un ancestro de hace unos 200 millones de años, podría haber puesto pequeños huevos correosos. Algunos mamíferos (el ornitorrinco, por ejemplo) aún lo hacen. Los marsupiales, oriundos de

La variedad de dientes en la mandíbula ofrece a los osos una dieta variada

Mandíbulas muy potentes

Cría de oso

Corta cola

Extremidades relativamente estilizadas

Garras afiladas

Longitud típica: 5,2 cm

El paladar óseo permitia al Leithia respirar por la nariz mientras se amamantaba

Mandíbula de *Leithia*

Longitud típica: 14 cm

Los huesecillos del oído indican que habria cazado mediante ecolocalización

Las alas son finas membranas de piel extendida entre largos dedos, brazos y cuerpo

Hocico corto

Dientes primitivos

Cráneo de *Hyracotherium*

Longitud típica: 40 cm

Icaronycteris

Panthera

Huesos metacarpianos

Huesos metatarsianos

Australasia y América, dan a luz a crías aún sin desarrollar, que acaban de desarrollarse en la bolsa de la madre. El ***Thylacoleo*** era un león marsupial que vivió en Australia desde hace 2 millones de años y hasta hace 40 000 años. Gracias a dientes especializados, podía desgarrar la presa más dura en menos de un minuto. El ***Leithia*** era un lirón casi tan grande como una rata. Murciélagos como ***Icaronycteris*** cobraron importancia hace unos 50 millones de años. Otro grupo importante fueron los carnívoros, como leones y tigres (***Panthera***), perros, hienas, **osos** y focas.

Megafauna y humanos

Los dientes indican una dieta de hojas, plantas y arbustos

Dientes de *Paraceratherium*

Altura hasta la cruz: 5,5 m

Cráneo de *Sahelanthropus tchadensis*

La capacidad cerebral, similar a la del chimpancé, sugiere que es un ancestro común a humanos y simios

Se han hallado mamuts **conservados en hielo** en Siberia (Rusia).

Caninos menores que en especies humanas primitivas

Cara relativamente plana

Dientes romos para moler vegetales

Cráneo de *Homo habilis* (hombre hábil)

Cerebro mucho mayor que en humanos previos

Cráneo de *Homo ergaster* (hombre trabajador)

El cráneo se estrecha tras las cavidades oculares, lo que limita el tamaño del cerebro

Mamut lanudo

Piel de bebé de mamut congelado

Tras la extinción de los dinosaurios, los mamíferos empezaron a dominar el planeta. Cuando el clima empezó a enfriarse, aparecieron modernos tipos de mamíferos y aves, y los primeros humanos surgieron en África.

El mayor mamífero terrestre que ha existido fue el *Paraceratherium*, un enorme rinoceronte sin cuerno de 20 toneladas que vivió hace más de 30 millones de años. En la última glaciación (entre hace 110 000 y 12 000 años), aparecieron algunos de los animales prehistóricos más

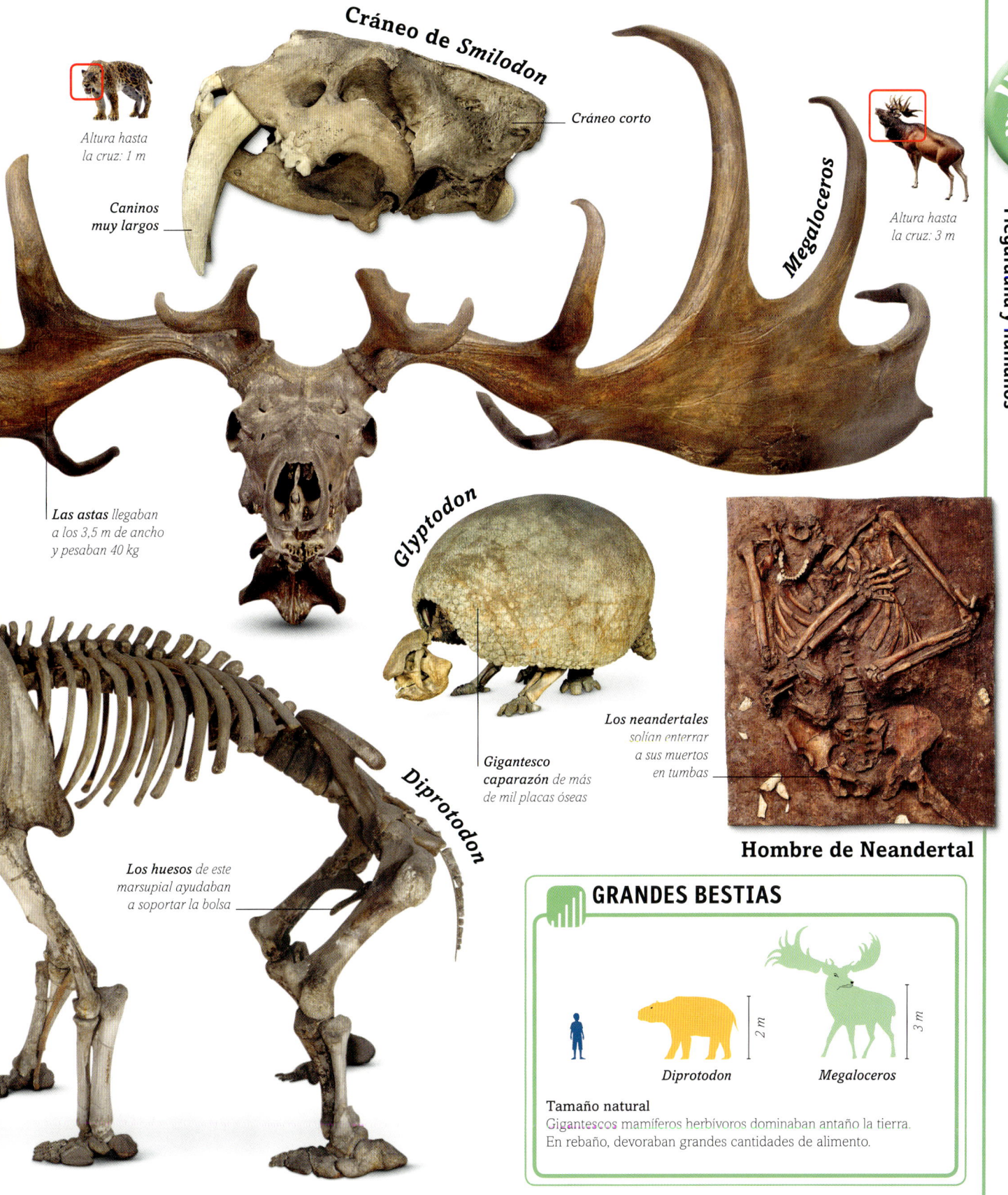

Cráneo de Smilodon

Cráneo corto

Caninos
muy largos

Altura hasta
la cruz: 1 m

Megaloceros

Altura hasta
la cruz: 3 m

Las astas *llegaban
a los 3,5 m de ancho
y pesaban 40 kg*

Glyptodon

Diprotodon

**Gigantesco
caparazón** *de más
de mil placas óseas*

*Los neandertales
solían enterrar
a sus muertos
en tumbas*

Hombre de Neandertal

Los huesos *de este
marsupial ayudaban
a soportar la bolsa*

GRANDES BESTIAS

Diprotodon   2 m

Megaloceros   3 m

Tamaño natural
Gigantescos mamíferos herbívoros dominaban antaño la tierra.
En rebaño, devoraban grandes cantidades de alimento.

famosos. El **mamut lanudo** vagaba por la gélida tundra. En este mismo periodo coexistieron muchos humanoides y ancestros del ser humano como el *Homo habilis*, el *Homo ergaster* y el **neandertal**. A menudo, los mamuts eran la presa del gato de dientes de sable, el *Smilodon*, con sus colmillos como dagas. Las llamativas astas del alce irlandés macho, el *Megaloceros*, destinadas a impresionar a las hembras, debieron complicar las caminatas por el bosque. También Australia tuvo megafauna. El *Diprotodon* fue un uómbat australiano tan grande como un hipopótamo.

151

MANADAS DE LA EDAD DE HIELO
El 12 de septiembre de 1940, cuatro amigos exploraban las cuevas de Lascaux, en el suroeste de Francia, cuando descubrieron una nueva entrada. Lo que vieron dentro era sobrecogedor. Casi dos mil animales pintados corrían por las paredes de las cuevas. Este arte rupestre era obra de los primitivos humanos que vivieron allí, hace casi 17 300 años.

En las pinturas de las paredes de Lascaux se reconocen unos 900 animales, entre ellos ciervos, caballos, toros salvajes y bisontes. Algunas de estas pinturas son enormes. Una parte de las cuevas, la sala de los Toros, muestra un gran toro de más de 5 m de longitud. Las pinturas se crearon pulverizando minerales de colores y mezclándolos con grasa animal para obtener colores naturales. Solo podemos suponer lo que significaban estas imágenes para aquella gente. ¿Quizá las pintaron en agradecimiento por una caza exitosa? ¿O quizá creían que los animales poseían poderes mágicos que les darían suerte en futuras cacerías? Nunca lo sabremos.

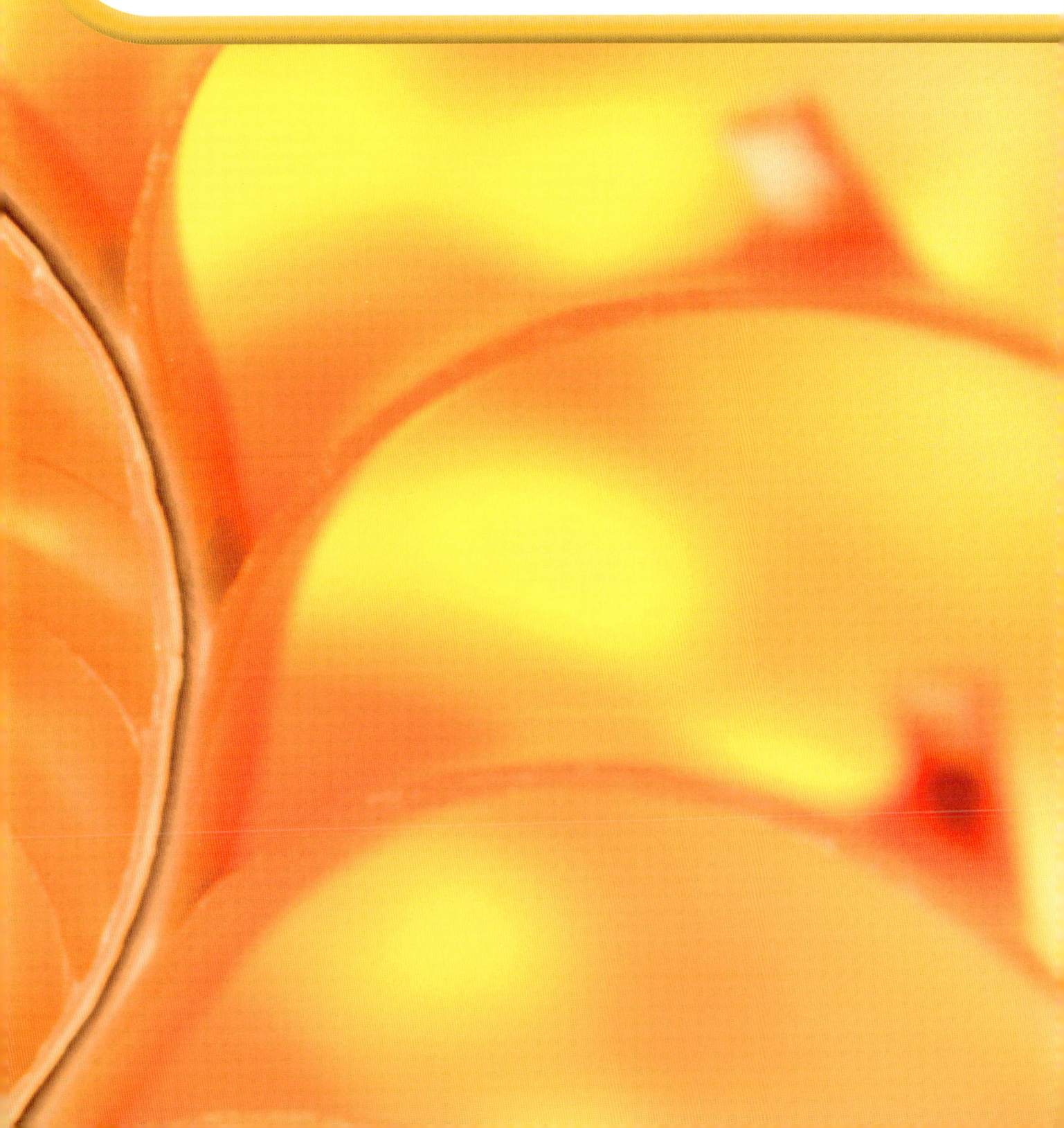

CONCHAS

Conchas

Una concha es la capa exterior dura que han desarrollado numerosos invertebrados, o animales sin espina dorsal. Las conchas marinas son los ejemplos más comunes, y suelen pertenecer a moluscos como bivalvos y gasterópodos. Los caparazones de estos animales están compuestos por una dura proteína, la conquiolina, endurecida por cristales de carbonato cálcico obtenido del mar.

Ápice

Espira ❯ Una espira es una revolución (o giro) de 360 grados en el crecimiento de la espiral. La caracola crece a medida que el animal se hace mayor. Al eclosionar los huevos, la caracola tiene una protoconcha transparente de una espira y media. Llega a su tamaño pleno a los tres años, y para entonces es pesada y dura, y tiene de 9 a 11 espiras.

Abertura ❯ La abertura es la puerta a través de la cual el animal sale de la concha, y la última parte de esta en formarse. El labio de la caracola solo empieza a formarse una vez ha llegado a su pleno tamaño, que suele ser a los tres años de edad.

Caracola

Labio acampanado

Tipos de concha

Bivalvos
• Tienen dos caparazones abisagrados, llamados valvas. Se alimentan succionando agua a través de la concha.

Gasterópodos
• Viven en una concha única. Suelen raer sus alimentos con una lengua dura llamada rádula.

Cefalópodos
• Suelen ser muy rápidos. Solo algunos viven en una caracola; la mayoría carece de concha externa.

Conchas colmillo
• Viven en una concha tubular curvada, abierta por ambos extremos. Tantean el limo marino en busca de alimentos.

Quitones
• Poseen conchas planas de hasta ocho placas Se alimentan de las algas de las rocas.

MOLUSCOS VIVOS

Gasterópodos
Comprenden caracoles y babosas de todos tipos y tamaños, de microscópicos a grandes. Existen en el mar (dcha.), en agua dulce y en tierra firme.

Bivalvos
Comprenden almejas, berberechos, ostras, mejillones, vieiras (dcha.) y muchas más familias. Suelen ser de agua salada, aunque también se hallan en agua dulce.

Tonnas, bígaros y afines

Gelagna succincta

Alta espira

Patrón de motas oscuras *a lo largo de la abertura*

Distorsio clathrata

Conchas con, habitualmente, seis o siete espiras

Tonna cepa

Característica espira con canales profundos

Una espiral de surcos rodea la abertura

Ficus gracilis

Espiral de zigzags *con una banda roja*

Neritina communis

El profundo *surco* es más claro que el resto de la concha

Algunas especies grandes de **tonna** capturan peces y los **devoran**.

Patrón externo visible en el interior de una gran abertura

Tonna dolium

Las tonnas son caracoles marinos carnívoros de las profundidades. Su nombre procede de los antiguos toneles de vino. Muchos tienen conchas en forma de tonel. Los bígaros son criaturas más pequeñas que viven a lo largo de la costa.

Las tonnas viven en mares tropicales, y pasan el día enterradas en el lecho. De noche salen a cazar, sobre todo pepinos de mar. Sus conchas suelen ser redondeadas, como la de *Tonna cepa*, con un cuerpo más ancho que alto y una espira muy corta. Tritones como *Gelagna succincta*,

Nerita peloronta

Marcas en amplio **zigzag** cubren la concha

Stellaria solaris

Largas espinas surgen de las espiras

Concha de hasta 33,7 cm de longitud

Tectarius coronatus

Concha con hileras de púas romas

Finos surcos en torno a la concha

Tutufa bubo

Natica hebraea

Suave superficie de la concha

Bígaro común

Espirales más unidas en la parte superior

Vermicularia spirata

Torrecilla (Turritella communis)

Tiene al menos 30 giros

Bordes redondeados en el labio o abertura

Caracol nuez moscada

Profundos surcos por la concha

que viven en los mismos mares cálidos, tienen espiras más altas que las tonnas. La **torrecilla (Turritella communis)** tiene una espira incluso más alta. Estos caracoles tropicales filtran alimentos del agua, un hábito inusual para un caracol. Otros poseen diferentes métodos de alimentación, como el **bígaro común**, que come algas que crecen en las rocas. Es una de las conchas más habituales de las costas del noreste del Atlántico. Las conchas de tonnas poseen aberturas amplias, como la de **Tonna dolium**, por donde el caracol saca su pie.

159

Caracolas y cauríes

Espinas que surgen del labio

Las espitas más largas se hallan en la parte superior

Afilados espolones rodean la espira

Strombus pugilis

Lambis lambis

Laevistrombus canarium

Un grueso labio sale de la abertura

Lambis violacea

Los caracoles marinos **comen algas** con un **hocico** largo y fino.

Largo sifón

Lentigo lentiginosus

Hileras de pesados nudos en cada espira

Sinustrombus latissimus

Las conchas de caracoles marinos y cauríes son muy apreciadas para hacer joyas y ornamentos. Las caracolas son importantes en el hinduismo y el budismo. Como en la mayoría de conchas, las caracolas levógiras (hacia la izquierda) son las más raras.

Las conchas de las caracolas tienen una resistente espiral sobre una gran sección corporal. La forma del **caracol pala** es típica del principal grupo de caracolas, las **Strombidae**. Poseen un labio ancho y acampanado que sobresale del lado de la abertura. Las caracolas araña, como **Lambis**

Enorme labio rosado: es una concha antigua

Alta espira sobre un cuerpo suave

Tibia powisii

Husillo

Tibia de Martini

Caracol pala

Canal sifónico a través del cual el molusco prueba el agua

Cinco fuertes espinas protegen la abertura

Borde grueso y oscuro en torno a una concha redondeada

Lyncina aurantium

Mauritia mauritiana

Motas blancas cubren una concha marrón redondeada

Naria lamarckii

Concha con exterior suave

Concha suave, naranja-dorada

Volva volva

Cypraea tigris

🐚 CARACOLA COLOSAL

35,2 cm de longitud

30 cm de longitud

Caracol pala

Regla

Caracol gigantesco

El caracol pala se halla en las costas occidentales del océano Atlántico, desde Brasil hasta el Caribe. Su gran concha tiene hasta once espiras, y tarda siete años en crecer.

El labio exterior se pliega sobre una espira corta

Raya anaranjada de arriba abajo

lambis y *Lambis violacea*, carecen de este rasgo. Su labio se divide en extensiones que parecen patas de una araña. El husillo pertenece a un grupo de caracolas más pequeñas y estrechas. La parte inferior de la concha tiene un tubo en el que cabe el sifón (tubo del agua) del caracol.

Las conchas de caurí son suaves, fáciles de pulir y con una amplia gama de patrones, de las motas de *Cypraea tigris* a los ricos colores de *Lyncina aurantium*. Según crece, la espira del caurí desaparece dentro de la concha. Los cauríes tienen bordes dentados en torno a la abertura.

MOVIMIENTOS INUSUALES
El caracol pala (o botuto) es uno de los mayores caracoles marinos. Vive en las aguas tropicales superficiales de las costas occidentales del Atlántico de América Central y del Norte, y por todo el Caribe. Es muy apreciado como alimento y por su concha, que puede medir entre 15 y 31 cm de longitud y que los pescadores usaban y aún usan como bocina.

Tras eclosionar, el caracol pala empieza su vida como una larva, flotando en el océano y alimentándose de diminuto fitoplancton. Tras 18 a 40 días, se entierra en arena durante su primer año de vida, pasando poco a poco a la forma adulta. Los caracoles pala llegan a su madurez sexual entre los tres y los cuatro años, y tienen unos siete años de vida.

Son inusuales, entre los caracoles marinos, por el modo en que se mueven. Clavan en la arena la aleta que tapa la abertura (llamada opérculo) y extienden su pie para arrojarse hacia delante, un poco como si saltaran con pértiga. Este movimiento de impulsar la concha se llama «salto», y les ayuda a huir más rápidamente del peligro.

Barrenas, conos y torretas

Las motas oscuras *le dan un aspecto de cuadros*

Terebra subulata

La espiral *tiene unos 20 giros*

Barrena anaranjada

Espirales *de minúsculas púas en torno a la concha*

Triplostephanus triseriates

Oxymeris maculata

Las bandas blancas *son más obvias en la parte inferior*

Cono escarlata

Una barra moteada *atraviesa el centro*

Cono líder

La abertura se ensancha *hacia el final*

Anillos de motas *y manchas rodean la concha*

Conus cedonulli

Apertura *casi rectangular*

Conus dorreensis

Bandas amarillas *cubren la concha blanca*

Este grupo de conchas son cónicas y puntiagudas, pero comparten otra característica mucho más letal. Se trata de caracoles carnívoros con bocas especializadas que inyectan veneno en la presa.

Una «barrena» es un pequeño taladro manual usado para agujerear la madera o el suelo. La **barrena** recuerda estos taladros, y en Asia se ha usado tradicionalmente su afilada espira para eso mismo: para agujerear. La *Terebra subulata* es incluso más afilada, pero vive en profundidades

Conus eburneus

Lophiotoma indica

En **1877** se halló un ejemplar de esta concha; pasaron **sesenta años** hasta hallar otra.

Zigzags en la sección superior, pero rectas en la sección inferior

Líneas de motas oscuras *por el exterior*

Líneas marrón rojizo *en pequeños triángulos*

Surco

Conus genuanus

Turris Babylonia

La sección superior en espiral es más larga que el cuerpo y el sifón

Puntos y pinceladas oscuras *se enroscan en torno al cono*

Sifón

Cono gloria del mar

El interior es blanco cremoso

Espiras aplanadas por arriba

Thatcheria mirabilis

Cono ilustre

La concha crece hasta los 7 cm de longitud

y es difícil de atrapar. Las conchas puntiagudas de torretas, como la ***Turris Babylonia***, son más comunes. Con unas cuatro mil variedades, son la mayor familia de caracoles marinos, y la mayoría de sus conchas, como la de ***Lophiotoma indica***, están cubiertas por nudos y bultos. Las conchas son muy variadas, y se las nombra por su patrón. Los ricos colores pastel de ***Conus dorreensis*** recuerdan a las túnicas que viste el papa. Los conos viven en aguas tropicales poco profundas, y atrapan a sus presas con un rápido veneno capaz de matar a un humano.

Caracolas bocina y afines

Hemifusus tuba

Concha *de hasta 6 cm de longitud*

Espira estrecha comparada con la del cuerpo principal

Northia pristis

Siphonalia trochulus

Coluzea eastwoodea

Corto canal sifonal *junto a la abertura*

Babylonia japonica

Cantharus erythrostoma

Las corrugaciones la hacen parecer arrugada

Cantharus erythrostoma se oculta bajo **piedras** en **arrecifes**.

Concha *cubierta de bandas moteadas*

Crestas gruesas y oscuras *rodean las espiras*

Las caracolas bocina y similares viven en mares costeros fríos y agitados, pero algunas son tropicales o viven a grandes profundidades. Son carnívoros o carroñeros con excelentes sensores para «sentir» la presencia de alimento.

El nombre «bocina» se debe a la familia *Buccinidae* a la que pertenecen estos caracoles marinos, y también a que soplando su concha se puede producir un sonido como de trompa o bocina. *Siphonalia trochulus* pertenece al gran grupo de caracoles **neptunos**, que se pueden hallar por las

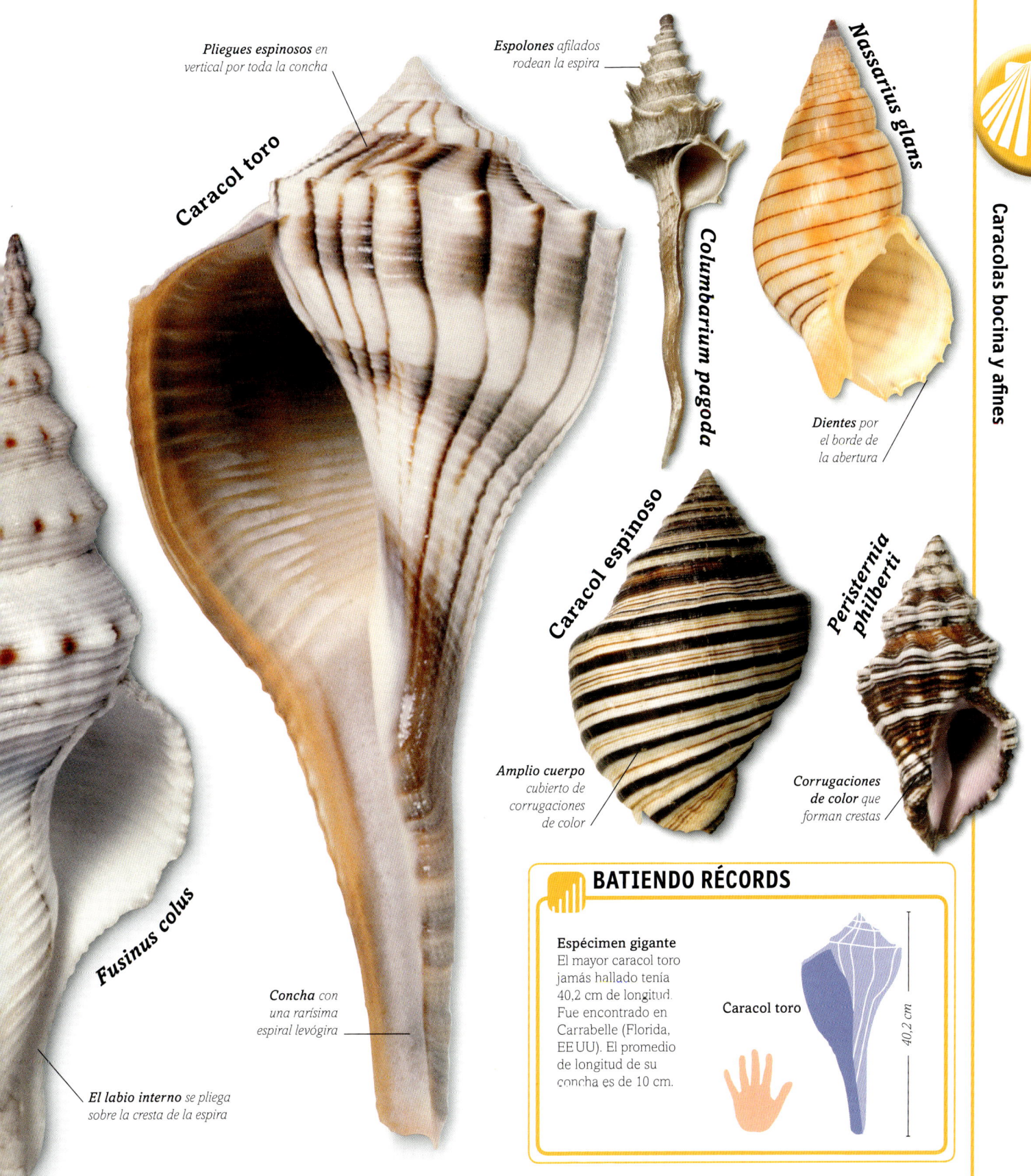

Pliegues espinosos en vertical por toda la concha

Espolones afilados rodean la espira

Nassarius glans

Caracol toro

Columbarium pagoda

Dientes por el borde de la abertura

Caracol espinoso

Peristernia philberti

Amplio cuerpo cubierto de corrugaciones de color

Corrugaciones de color que forman crestas

Fusinus colus

Concha con una rarísima espiral levógira

El labio interno se pliega sobre la cresta de la espira

BATIENDO RÉCORDS

Espécimen gigante
El mayor caracol toro jamás hallado tenía 40,2 cm de longitud. Fue encontrado en Carrabelle (Florida, EE UU). El promedio de longitud de su concha es de 10 cm.

Caracol toro

40,2 cm

costas de todo el mundo. *Coluzea eastwoodea* procede de África meridional, donde vive en lechos marinos turbios. *Fusinus colus* tiene una forma similar a las pagodas, y se caracteriza por las marcas marrones anaranjadas en su espira. El **caracol toro** se encuentra en las costas de Florida y del este de Norteamérica, y sus parientes, en la costa occidental del Atlántico. *Nassarius glans* es uno de los caracoles del barro del sureste asiático. El **caracol espinoso** y *Peristernia philberti* son parte de un gran grupo de pequeños caracoles carnívoros que existen en todo el mundo.

Múrices y afines

Espinosas corrugaciones desde la espira hasta la abertura

Las ramas se convierten en frondas rosadas

Chicoreus ramosus

Rapana venosa

Concha compuesta por varias capas finas

Cañadilla fina

Nódulos oscuros en punta

Espina ramificada

Drupa púrpura

Borde del labio irregular

Pteropurpura trialata

La sección inferior de la concha contiene un tubo

Los múrices son un grupo de caracoles con conchas tremendamente complejas. Sus espirales son difíciles de ver entre los volantes, púas y placas que sobresalen en todas direcciones. Son depredadores que viven en mares cálidos, poco profundos.

En la antigüedad eran muy apreciados, y se molían sus conchas para obtener un tinte púrpura que los romanos patricios usaban para sus ropas. Se usaba la **cañadilla fina** por la misma razón. El bello color rosa de *Chicoreus palmarosae* la hace muy valiosa para los coleccionistas de

Espiras que dan lugar a una concha suave y curvada

Agaronia testacea

Chicoreus palmarosae

Churo

Aleta (opérculo) gruesa y marrón, que cubre la abertura

Los volantes salen de las crestas

Chicomurex laciniatus

Sección superior con facetas verticales

Afilados volantes en vertical

Nucella lapillus

Rapana venosa

Ramas interconectadas

Los ejemplares de ramas más **ornamentadas** se encuentran en aguas de **Sri Lanka**.

Trochia cingulata

Cresta con borde curvo

conchas (aunque hay comerciantes deshonestos que les añaden colores). La **drupa púrpura** comparte nombre con un grupo de frutas con hueso en su interior: la concha parece un colorido hueso de fruta. Las conchas de roca, como la **Trochia cingulata**, poseen conchas similares a las de los múrices. Sin embargo, *Nucella lapillus* solo tiene volantes en aguas tranquilas; en condiciones más duras es suave. La **rapana venosa** atraviesa las conchas de otros moluscos y puede causar mucho daño en lechos de ostras.

Otros caracoles

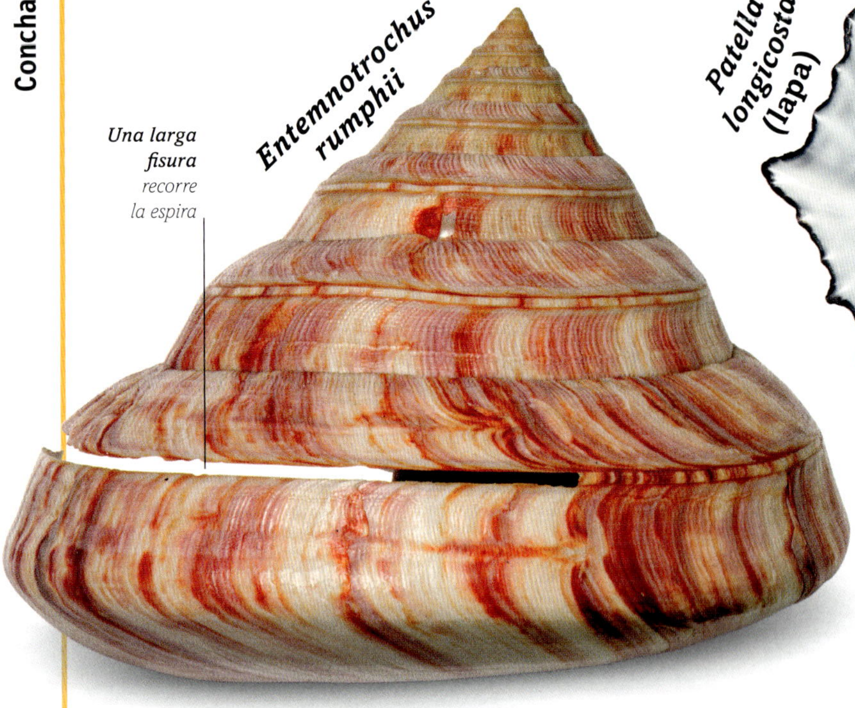

Entemnotrochus rumphii

Una larga fisura *recorre la espira*

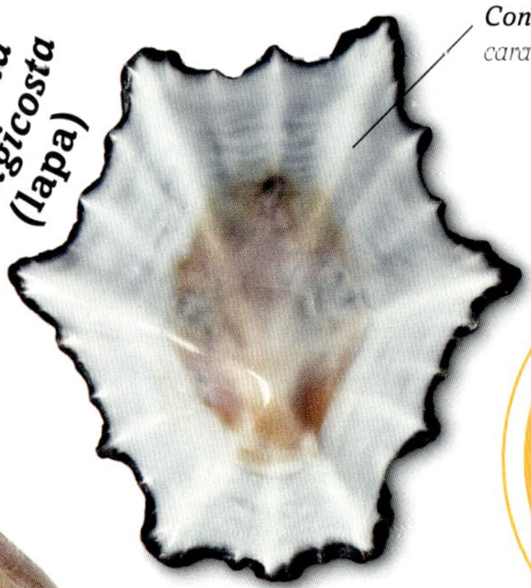

Patella longicosta (lapa)

Concha *con disposición característica de crestas radiales*

El nombre de los **turbantes** procede de *turbo*, **«torbellino»** en latín.

Architectonica perspectiva

Dos corrugaciones rayadas *en torno a la base*

Turbo argyrostomus

Madreperla *en manchas en la cobertura de la concha*

Turbante sudafricano

Phasianella australis

Gruesas corrugaciones *en el interior*

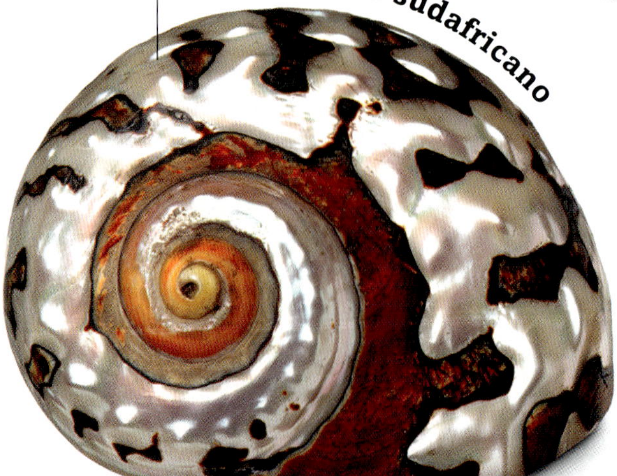

Bandas onduladas *claras y oscuras en vertic... por la suave concha*

Los turbantes y las lapas están entre los más primitivos caracoles marinos. Como casi todos los demás, respiran en el agua mediante branquias. Los de tierra y la mayor parte de los de agua dulce respiran mediante pulmones.

Las **lapas** se adhieren con firmeza a las rocas, y la concha de *Patella longicosta* se adapta al espacio disponible. Cuando la marea baja y la concha queda expuesta al aire, la lapa la cierra para sellar el agua que pueda contener: de este modo, evita morir deshidratada y puede seguir

Espinas en ángulos rectos con la espira

Guildfordia triumphans

Espinas curvadas hacia abajo

Bolma aureola

Acteon eloiseae

Cuernos y formas en «V» bien definidos sobre fondo blanco

Hileras de placas en forma de diente

Astraea heliotropum

Puntos y rayas a lo largo de la concha

La concha enrollada de esta especie de agua dulce parece el cuerno de un carnero

Planorbidae

Bígaro tablero

Caracol recién eclosionado

Caracol común

Interior iridiscente

Tiras marrones en espiral desde el centro de la concha de este caracol terrestre

Haliotis asinina

Diodora listeri

Concha con un pequeño agujero superior, o «cerradura»

respirando. Bajo el agua, ***Diodora listeri*** bombea agua por su concha y la expulsa por un agujero en su parte superior, llamada la «cerradura». ***Entemnotrochus rumphii*** hace algo parecido bombeando agua por la fisura que tiene en el lateral de su concha.

El **bígaro tablero** es un caracol parecido a ***Entemnotrochus rumphii***, pero con la particularidad de que no tiene fisura. Recibe este nombre por su aspecto cuadriculado visto desde arriba. ***Guildfordia triumphans*** tiene espolones que sobresalen de su lado.

SOBRE LA OLA Aunque la mayoría de los caracoles se desplazan sobre su único pie flexible, el caracol violeta común (*Janthina janthina*) aprovecha las corrientes oceánicas, flotando bajo una balsa de burbujas. Es un depredador que ataca a otras criaturas flotantes, sobre todo carabelas portuguesas, una pariente de la medusa. Pese a todo, es un estilo de vida arriesgado: el caracol no puede nadar; va donde lo lleva el mar.

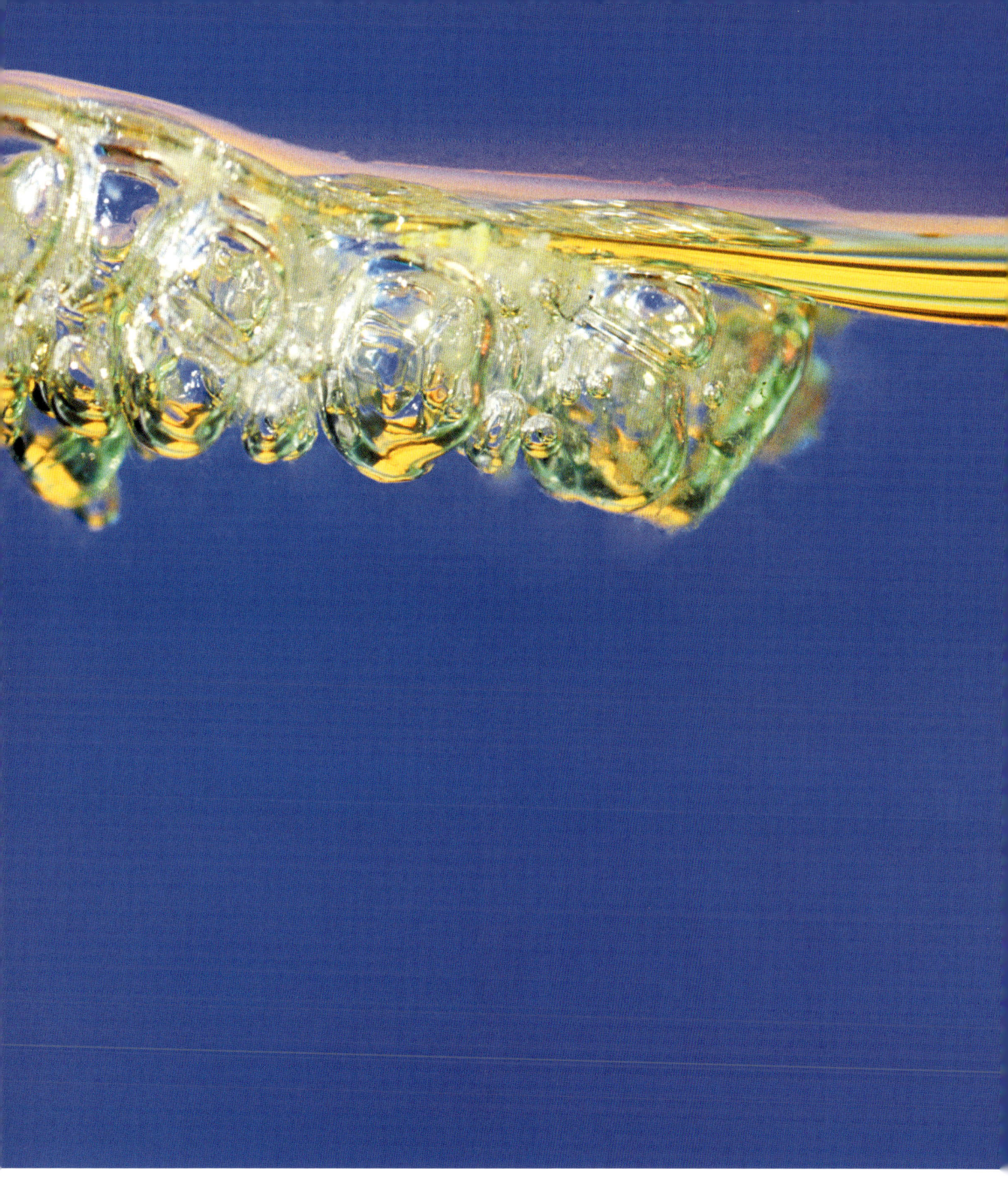

Para crear su balsa, el caracol violeta común atrapa burbujas de aire en un moco que se endurece. La balsa de aire resultante se adhiere al pie del caracol, y su concha ligera asegura que se mantenga a flote. El caracol pasa su vida boca abajo, con su espira apuntando al lecho marino. Se protege gracias al camuflaje de su concha, usando un truco llamado «contracoloración». La espira y los giros de su concha son de color claro, mientras que la región en torno a la abertura es de un púrpura azulado intenso. Esto hace que, vista desde arriba, su concha azul es difícil de separar de la oscura agua del océano; desde abajo, los colores pálidos del caracol se funden con los rayos de luz solar.

Almejas, berberechos y afines

Chama lazarus

Brechites strangulatus

Arena y trozos de concha *adheridos*

Donax cuneatus

Líneas horizontales: *anillos de crecimiento*

Berberecho común

Extremo delantero *suave y redondeado*

Charnela

Concha *cubierta de placas en forma de hojas*

Los ejemplares de ***Dinocardium*** pueden alcanzar **13 cm** de longitud.

Borde *dentado*

Dinocardium

Las almejas y los berberechos son bivalvos, moluscos con dos conchas conectadas por la charnela (o gozne). Otros animales similares son las tellinas. La mayoría de estos animales son filtradores; absorben agua y filtran las partículas de alimento.

Las almejas y los berberechos tienden a tener conchas más simétricas que otros bivalvos. Un ejemplo excelente es el **corazón de buey**, que exhibe una simetría casi total, al igual que *Corculum cardissa*. *Cyrtopleura costata*, con su concha blanca en forma de alas de ángel,

Anodonta cygnea

Hysteroconcha dione

Profundas crestas acabadas
en espinas hacia atrás

Lioconcha castrensis

*Estrechas bandas verdes,
amarillas y negras* cubren
la superficie de esta especie
de agua dulce

Marcas en forma
de tienda o lambda

Corculum cardissa

Hiatula rosea

Motas rosadas en la concha,
que también pueden ser amarillas,
violetas y blancas

Navaja

Concha rosada que se
oscurece junto a la charnela

Concha casi
rectangular

Crestas en el interior
y en el exterior

Siliqua radiata

Neotrigonia margaritacea

Bandas claras
en la concha

Crestas claras
en el exterior

Cyrtopleura costata

Corazón de buey

Bandas
por toda la
superficie

Tellina virgata

UN MOLUSCO PODEROSO

1,37 m   1,7 m

Almeja gigante   Submarinista

Gigante del lecho marino
La almeja gigante es el mayor molusco con concha.
Puede llegar a medir 1,37 m de longitud y vivir hasta
cien años.

Concha de hasta
10 cm de longitud

es una excepción, al ser mucho más largo de un lado que del otro. La navaja se llama así por el borde recto y afilado de sus valvas. Se suele hallar enterrada en la arena, cerca de la línea de bajamar. ***Dinocardium*** también prefiere hábitats arenosos, aunque a mayor profundidad. ***Tellina virgata*** vive en el lecho marino y usa sifones varias veces más largos que su concha para conectar con el agua. ***Hysteroconcha dione*** y ***Lioconcha castrensis*** tienen en inglés nombres populares relacionados con Venus, diosa romana del amor.

CONCHA COLOSAL
La almeja gigante, el mayor crustáceo de todos, vive una vida tranquila entre esponjas, corales y algas de arrecifes tropicales. Su expectativa de vida, de unos cien años de promedio, sobrepasa a la de casi todos sus vecinos. En todo ese tiempo, en el exterior de su concha se van adhiriendo percebes y otros «parásitos»; otras formas de vida eligen como hogar el interior de esta enorme concha oceánica.

Las poderosas valvas de la almeja gigante se cierran lo suficiente como para atrapar un brazo humano. Sin embargo, el molusco solo se cierra si se ve amenazado, y lo hace de un modo tan lento que ningún buzo se vería atrapado. De día, la concha está totalmente abierta, filtrando alimentos del agua. Sin embargo, la almeja obtiene casi todos sus alimentos de algas microscópicas que viven en sus tejidos corporales. A cambio de un lugar seguro en el que vivir, las algas comparten con su anfitrión los azúcares que producen. Esta cooperación, llamada «simbiosis mutualista», supone que la almeja obtenga un aporte extra de alimento y pueda crecer hasta ser descomunal.

Ostras, vieiras y afines

Almendra de mar

Marcas en forma de diente

Gruesas espinas por la concha

Borde serrado por el exterior de la concha

Spondylus (ostra espinosa)

Limacacea

Gruesas escamas sobresaliendo de las corrugaciones

Arca noae

Las ostras espinosas ya se **usaban** como **ornamento** en **4500 a. C.**

Bandas irregulares por la concha

Solemya velum

Cobertura en forma de dientes en la parte frontal

Valvas conectadas en la base de la concha

Hay ostras de muchos tipos diferentes, pero todas son famosas por poder producir perlas. Las conchas de las vieiras tienen valvas redondeadas y orejas en la charnela, y probablemente sean la forma más famosa de concha.

La forma de la concha no es la única diferencia entre ostras y vieiras; tienden a vivir en hábitats diferentes. *Spondylus* y la **ostra cresta de gallo**, por ejemplo, se adhieren a una superficie rocosa en una fase temprana de su desarrollo, y ya no se mueven. En contraste, la **vieira**

Pliegue triangular

Ostra cresta de gallo

Bultitos en
los bordes
interiores

La concha se abre
bajo el agua para
alimentarse

El molusco vive
dentro de la concha

Vieira

Una oreja es
mayor que la otra

Vieira austral

Color púrpura
amarronado
en el interior

*Nueve
corrugaciones*
principales y
varias menores

*Nodipecten
nodosus*

Vieira reina

Umbo

Gloripallium pallium

Ostra de perro

Concha adaptada
a la forma del lecho
marino

Valva derecha
menos curva que
la izquierda

austral, *Nodipecten nodosus* y la **vieira reina** se mueven durante toda la vida. Abren y cierran rápidamente sus valvas para crear un chorro de agua que las impulsa y que incluso les permite nadar en aguas abiertas. La **vieira común** es demasiado grande para moverse mucho, y pasa la mayor parte de su vida en lechos arenosos. La ***Limacacea*** también es capaz de nadar ayudándose de sus valvas. Posee un borde serrado en sus valvas, y su concha tiene una superficie rugosa.

Conchas extrañas

Las púas protegen a este animal de lecho marino

Erizo de mar

Placas óseas bajo la piel para protección

Faja que rodea ocho placas

Fósil de erizo irregular

Minerales han sustituido las partes corporales duras

Cangrejo ermitaño en una concha

Concha de una caracola bocina muerta

Extremo final

Quitón marmóreo

Ásperas espinas rodean las placas

Quitón fantasma

Parte inferior verde azulada

UN QUITÓN ENORME

33 cm

El gigante de la familia
El quitón gigante del Pacífico Norte es el más grande del mundo. Mide 33 cm de longitud y pesa 2 kg.

La mayoría de los moluscos (como los caracoles y las babosas) son gasterópodos o bivalvos (como las almejas y las ostras). Pero hay otros tipos de moluscos con diferentes tipos de conchas, y otros tipos de animales de concha que no son moluscos.

El **quitón marmóreo** pertenece a un pequeño grupo de moluscos. En lugar de tener una concha, tienen ocho valvas superpuestas que forman una coraza flexible. Los quitones son herbívoros que devoran microbios que crecen en las rocas. Los cefalópodos son moluscos activos

El cangrejo carece de caparazón propio

La punta se hace más roma al crecer

Anillos de colores se alternan por el colmillo

Conchas extrañas

Concha de colmillo

Las corrugaciones son más gruesas al final

Colmillo elegante

Abertura en el extremo grueso

Colmillo bello

Concha fina como el papel

La cabeza de la concha se llama «prosoma»

Nautilo de papel

Cangrejo herradura

Sección oscura donde se adhería el cuerpo blando

Concha con recámaras que el calamar usa para su flotabilidad

Nautilus pompilius

Concha interior del calamar cuerno de carnero

Rayas que se espacian hasta desaparecer

Los **cangrejos herradura** viven en los océanos desde hace **300 Ma**.

con tentáculos. Incluyen a los pulpos, los calamares y las sepias. Solo algunos cefalópodos, como los **nautilos**, poseen conchas externas; los espirúlidos, como el **calamar cuerno de carnero**, poseen una concha interna. Las **conchas de colmillo** y otros **colmillos** de la arena son también moluscos. Los **erizos** de placas óseas son equinodermos, un grupo que incluye a las estrellas de mar. Los **cangrejos herradura** son artrópodos de patas articuladas. También los **cangrejos comunes** son artrópodos.

UN SUBMARINO NATURAL
El nautilo, con sus cámaras internas, es pariente de pulpos y calamares. Con ellos, forma parte de un grupo de moluscos llamados cefalópodos. Como otros cefalópodos, el nautilo nada libremente, posee tentáculos para atrapar presas y un pico duro para atravesar conchas. Sin embargo, a diferencia de sus parientes, el nautilo vive dentro de una concha.

El *Nautilus pompilius* es lo más cercano que hay en la naturaleza a un submarino. Su concha en espiral está formada por cámaras, y el nautilo vive en la más grande. Cuando se hace demasiado grande, añade una cámara mayor, y sella la usada tras de sí. Un tubo atraviesa todas las cámaras y le permite controlar la cantidad de agua que hay en cada cámara sellada. Añadir agua le hace descender; quitarla, le hace flotar. Como todos los cefalópodos, el nautilo se desplaza a chorro, disparando agua por la concha. Por ello, el nautilo se desplaza en la dirección de su concha. Posee unos noventa tentáculos que sujetan a la presa gracias a las crestas de su superficie.

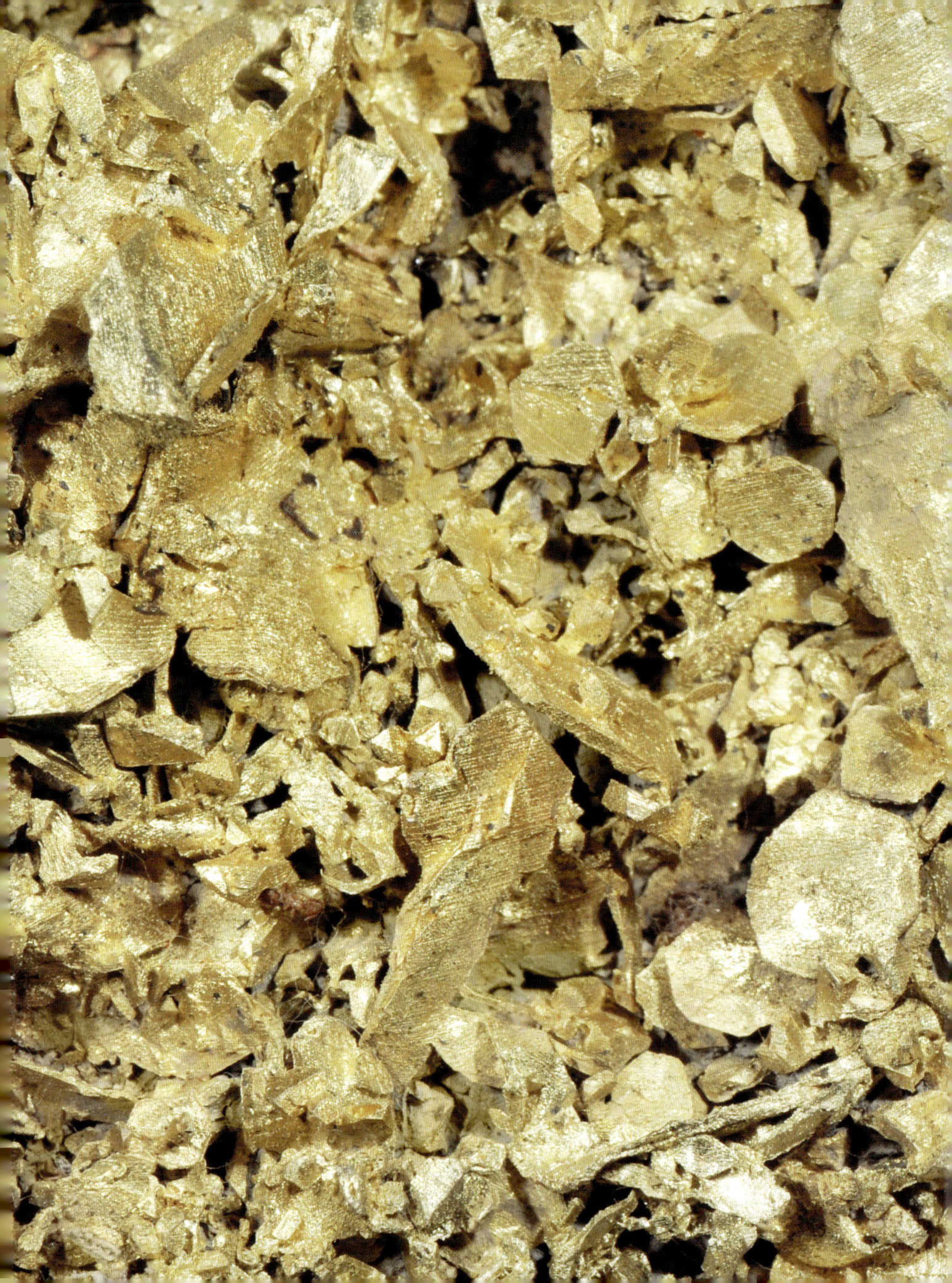

Glosario

acondrita
Meteorito rocoso que no contiene cóndrulos (bolas cristalinas).

asteroide
Trozo de roca, más pequeño que un planeta, que orbita en torno al Sol.

batolito
Enorme intrusión ígnea de magma fundido bajo tierra.

bomba volcánica
Gran bola de lava que sale disparada de un volcán.

botroidal
Hábito mineral que recuerda un racimo de uvas.

brecha
Roca sedimentaria compuesta de fragmentos angulares.

cabujón
Pulido de gema sin facetas (caras planas).

calcárea
Roca que contiene una cantidad notable de carbonato cálcico o de tiza.

calcedonia
Tipo microcristalino de cuarzo; la más común es la ágata, pero se puede dar en otras formas, como el ónix.

cara
Superficie plana externa en un cristal en bruto.

casquete glaciar
Gruesa capa de hielo sobre un área extensa de tierra. Si ocupan más de 50 000 km^2 se llaman inlandsis.

cocolito
Microfósil como una escama microscópica de carbonato cálcico que antaño cubrió un diminuto organismo unicelular (alga) llamado cocolitóforo.

cocolitóforo
Véase *cocolito*.

concreción
Duro y compacto cúmulo rocoso formado cuando el cemento mineral se deposita en las fisuras entre partículas sedimentarias. A menudo redondeados u ovalados, se hallan en lechos de esquisto arcilloso.

condrita
Meteorito rocoso que contiene cóndrulos (bolas cristalinas).

cristal
Sustancia sólida natural cuyos átomos se disponen en regulares patrones en tres dimensiones.

dendrítico
Hábito cristalino que recuerda a dedos extendidos.

desgaste
Descomposición lenta de la roca por la larga exposición al clima, incluidas la humedad, la escarcha y la lluvia ácida.

dodecaédrico
Cristal o mineral con forma de dodecaedro: en tres dimensiones, con doce facetas.

elemento
Sustancia química que no puede descomponerse en otras.

envergadura
Distancia entre los extremos de ambas alas al estar totalmente extendidas.

estrías
Prominente surco en una roca o mineral, habitualmente todas en la misma dirección.

exfoliación
Modo característico en que un mineral o roca se rompe a lo largo de un plano o en cierta dirección.

extinto
Alude al grupo de organismos (animales, plantas, hongos o microorganismos) sin miembros vivos y, por tanto, inexistente. Muchos fósiles, como los dinosaurios y trilobites, pertenecen a grupos extintos.

faceta
Cara plana tallada en una gema. Una piedra tallada está facetada.

falla
Extensa fractura (habitualmente en una llanura) a lo largo de la cual se desplazan los bodes de masas rocosas. La línea de falla está allá donde aparece la falla.

fibroso
Hábito mineral que presenta finas fibras.

fluorescencia
Efecto óptico por el cual un mineral parece brillar bajo luz ultravioleta (UV). A menudo brilla bajo la luz UV con un color distinto del que tiene bajo la luz común.

fósil
Huella de una vida pasada que se ha conservado en roca o mineral, como el ámbar. Hay fósiles de huesos, conchas, impresiones de piel, pisadas, excrementos, madera, hojas y polen.

fosilífero/a
Roca que contiene fósiles.

fractura
Modo característico en el que un mineral se rompe.

fundición
Proceso químico de extraer metal de sus menas.

gema
Mineral duro, bello, de alta calidad, apreciado por su color y rareza. Las gemas suelen tener una forma cristalina casi perfecta o única.

gemelos
Cristales que comparten cara o borde.

geoda
Cavidad en una roca donde se han formado cristales, total o parcialmente. A veces, si son sólidas, se las llama «huevo de trueno».

hábito
Apariencia y forma general de un mineral. El hábito puede verse afectado por el sistema

Identificar minerales

Hay muchos modos de identificar un mineral, como observar su color, su forma y su aspecto al reflejar la luz. La dureza de un mineral se puede medir por la facilidad con la que se le hacen arañazos y muescas.

COLOR

Muchos minerales poseen colores característicos que los hacen reconocibles de inmediato. Otros, como la fluorita, presentan diversos tonos, debido a las distintas impurezas en sus cristales.

Fluorita púrpura   **Fluorita verde**

LUSTRE

Lustre es el modo en que un mineral refleja la luz. Hay varios términos para describirlo, de ceroso a metálico, terroso o vítreo.

Galena: **Cuarzo:**
lustre metálico   **lustre vítreo**

DENSIDAD RELATIVA

La densidad relativa de un mineral mide su densidad. Se calcula pesando un cristal y comparándolo con la masa de un volumen equivalente de agua. Para hacerlo se necesita un equipo especial.    **Jaspe: 2,7**

RAYA

Un mineral no siempre tiene el mismo color. La erosión, por ejemplo, lo puede alterar. Los geólogos llevan a cabo una prueba de rayado en una placa cerámica para apreciar la «raya», que no se altera.

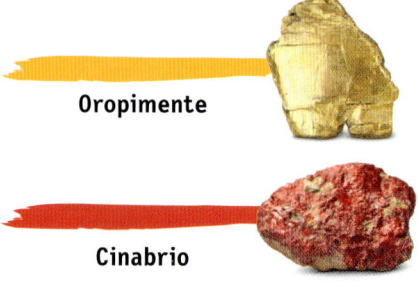

Oropimente

Cinabrio

FRACTURA

Los minerales se fracturan y parten siguiendo patrones diferentes a su exfoliación. A menudo el modo en que se fracturan, parten y exfolian es típico del mineral.

Obsidiana:
fractura en forma de concha

TRANSPARENCIA

Si la luz puede atravesar un mineral, se dice que es traslúcido. Si es opaco, la luz no puede atravesarlo. Los minerales transparentes son claros y se puede ver a través de ellos.

La calcita es
transparente

EXFOLIACIÓN

La mayoría de los cristales tienen planos débiles a lo largo de los cuales se rompen en capas: es su exfoliación. Dado que las estructuras cristalinas son regulares y repetitivas, se rompen una y otra vez por ángulos característicos.

El topacio se exfolia
en un cristal de
forma prismática

DUREZA

Uno de los test más fáciles es hallar la dureza de un mineral. Se mide en la escala de Moh (una escala relativa, de 1 a 10, que se obtiene rayando el mineral) o usándolo para rayar con él otra cosa.

Talco: 1   **Diamante: 10**
(se raya   **(puede cortar**
con una uña)   **vidrio)**

HÁBITO

La apariencia externa de un cristal se denomina hábito. El hábito de un mineral depende del patrón que forman sus cristales al formarse. Si no hay una forma clara, se denomina «masivo».

Vivianita: **Yeso:**
en aguja   **en hoja**

---

cristalino y las condiciones en que se forma.

impureza
Átomo o compuesto químico incorporado a la estructura cristalina de un mineral, pero que no forma parte esencial de su composición. A menudo altera el color de los minerales o gemas.

inclusión
Todo material atrapado en un cristal durante su formación.

invertebrado
Animal sin espina dorsal, como los gusanos y artrópodos.

lava
Magma que ha fluido a la superficie a través de una abertura volcánica.

lingote
Bloque macizo de metal, generalmente rectangular.

lustre
Modo en que se refleja la luz en la superficie de un mineral.

magma
Roca fundida en el interior de la Tierra. Se acumula en

cámaras magmáticas que alimentan volcanes.

manto
Capa interna del planeta situada entre el núcleo y la corteza. Alcanza una profundidad de casi 2900 km. Representa más del 80 por ciento del volumen total de la Tierra. Está formada por rocas densas y calientes.

masa rocosa
El mineral de grano fino en el que se incrustan cristales o granos de mayor tamaño. También llamada matriz.

matriz
Véase *masa rocosa*.

mena
Roca o mineral de la que se puede extraer un metal.

meseta
Área extensa de terreno alto y nivelado.

meteorito
Roca o residuo del espacio exterior (meteoroide) que alcanza la superficie de la Tierra.

meteoro
Rastro de luz que deja un meteoroide (roca y residuos espaciales) que arde al atravesar la atmósfera terrestre. Comúnmente llamado «estrella fugaz».

microcristalino
Hábito mineral compuesto de cristales microscópicos.

mineral
Sólido natural con características específicas, como composición química y forma cristalina particulares.

mineral complementario
Mineral minoritario, presente en pequeñas proporciones en una roca.

mineral nativo
Elemento químico hallado naturalmente en forma pura.

mineral secundario
Mineral que sustituye a otro como consecuencia del desgaste u otras alteraciones.

nacarado
Lustre mineral con un brillo suave, como el de una perla.

nódulo
Bulto rocoso redondeado y duro hallado en roca

sedimentaria. Suele estar compuesto por calcita, sílice, pirita o yeso.

octaédrico
Cristal o mineral con forma octogonal: una forma maciza en tres dimensiones con ocho caras.

opaca
Sustancia que no permite pasar la luz.

orgánico
Relativo a los seres vivos.

pepita
Pequeña masa de metal precioso hallado en estado natural.

petrificación
Proceso por el cual un ser vivo se convierte en fósil en una roca.

pigmento
Sustancia coloreada que se muele y mezcla para crear pintura.

pisolítica
Textura de roca formada por esferas como guisantes (o pisolito).

placa tectónica
Una de las enormes placas rocosas en las que está dividida la corteza de nuestro planeta. El calor interno del planeta impulsa las placas tectónicas por la superficie. Volcanes y terremotos se dan allá donde esas placas colisionan entre sí.

polimórfico
Mineral con composición química idéntica pero estructura diferente.

porfiroide
Textura rocosa de cristales medianos incrustados en una masa rocosa (matriz) de grano fino. Típica de rocas volcánicas.

prisma
Forma en tres dimensiones maciza cuyas dos caras en los extremos tienen la misma forma y son paralelas.

prismáticos
Cristales con sección transversal uniforme, con lados largos en paralelo.

quilate
(1) Medida estándar de masa de piedras preciosas; un quilate (ct) equivale a 0,20 g. (2) Medida de pureza del oro; un quilate (k) de oro es 1/24 partes de la masa total de la aleación; es decir, el oro puro posee 24 quilates.

recristalización
Proceso de formación de minerales secundarios; cambios en una roca cuando el calor o la presión hacen que se vuelvan a formar cristales.

roca
Mezcla maciza de minerales. Hay tres tipos: ígneas, metamórficas y sedimentarias.

roca extrusiva
Roca ígnea formada a partir de magma solidificado en la superficie.

roca ígnea
Roca formada cuando la lava o el magma se solidifican por encima o por debajo de la superficie.

roca intrusiva
Roca ígnea que se forma cuando el magma se solidifica bajo tierra.

roca madre
Roca sólida que yace bajo suelo y sedimentos.

roca metamórfica
Roca que se ha visto alterada bajo tierra por el calor, la presión o ambos.

roca sedimentaria
Roca formada por sedimentos que se han cimentado debido al desgaste o al enterramiento.

sedimentos
Partículas de roca, mineral o materia orgánica arrastradas por el viento, el agua o el hielo.

sistemas cristalinos
Sistemas en los que se agrupa a los cristales basándose en su simetría. Hay seis: cúbico, monoclínico, triclínico, trigonal/hexagonal, ortorrómbico y tetragonal.

traslúcido
Sustancia o cuerpo que puede ser atravesado por la luz.

volcán
Abertura en la tierra (habitualmente en una montaña) por donde salen en erupción lava y gases calientes de la Tierra. El magma avanza por una chimenea central para llegar a la superficie como lava.

volcán en escudo
Ancho volcán con laderas suaves que produce lavas basálticas muy fluidas.

Índice

Wavellita

Zafiro Logan

Ópalo precioso

Celestina

AGRADECIMIENTOS

La editorial desea agradecer a las siguientes personas su ayuda en la elaboración de esta obra: Sonam Mathur, Ateendriya Gupta, Daisy, Rupa Rao, Sreshtha Bhattacharya y Virien Chopra por su apoyo editorial; Heena Sharma, Nidhi Rastogi y Sanjay Chauhan por su asistencia en el diseño; Syed Md Farhan y Nand Kishore Acharya por su ayuda en la maquetación; Kealy Wilson y Ellen Nanney, del Instituto Smithsoniano; Hazel Beynon por la revisión y Helen Peters por la elaboración del índice. Texto adicional de Tom Jackson.

La editorial desea agradecer a las siguientes personas e instituciones el permiso para reproducir sus fotografías:

(Clave de las abreviaturas: a-arriba; b-abajo; c-centro; e-extremo; i-izquierda; d-derecha; s-superior.)

1 Corbis: Walter Geiersperger (c). **4 Alamy Images:** PjrStudio (cd). **5 Dorling Kindersley:** Senckenberg Gesellshaft Für Naturforschung (cd). **6 Corbis:** Charles O'Rear (bi). **Dorling Kindersley:** Museo de la Naturaleza Senckenberg (Frankfurt) (bc). **National Museum of Natural History, Smithsonian Institution:** Dane A. Penland (sc). **7 Alamy Images:** PjrStudio (bi). **Corbis:** Layne Kennedy (sd). **Dorling Kindersley:** The Natural History Museum (Londres) (sc, bc). **Dreamstime.com:** Ingemar Magnusson (bd). **8 Science Photo Library:** RICHARD BIZLEY (bi). **12-13 Alamy Images:** Bill Bachman (c). **15 Alamy Images:** keith taylor (bd). **Corbis:** Frank Krahmer (cdb). **Dreamstime.com:** Glenn Nagel (cd). **16 Alamy Images:** Siim Sepp (cib). **Dorling Kindersley:** The Natural History Museum (Londres) (si, sc). **16-17 Alamy Images:** PjrStudio (sc). **Dorling Kindersley:** The Oxford University Museum of Natural History (c). **17 123RF.com:** Jirawat Plekhongthu (ca). **Alamy Images:** Siim Sepp (cdb). **Dorling Kindersley:** The Natural History Museum (Londres) (cd). **Getty Images:** De Agostini / A. Rizzi (sc). **18 Dorling Kindersley:** The Natural History Museum (Londres) (si). **Dreamstime.com:** Carolina K. Smith M.d. (cb); Pathompoom Srikudvien (c). **19 123RF.com:** Wasin Pummarin (b). **Alamy Images:** World History Archive (sd); Nina Matthews (si). **iStockphoto.com:** shirhan (sc). **20-21 Dorling Kindersley:** The Oxford University Museum of Natural History (bc). **21 123RF.com:** PaylessImages (sc). **Dorling Kindersley:** The University of Aberdeen (bc); The Natural History Museum (Londres) (si). **Getty Images:** John Cancalosi (cd). **22 123RF.com:** Kjetil Dahle (cib/lava). **Corbis:** Leemage (bc); Roger Ressmeyer (si); Ralph White (bi). **Dorling Kindersley:** The Natural History Museum (Londres) (c). **Dreamstime.com:** Rafal Kubiak (sc). **22-23 Alamy Images:** Buddy Mays (c). **23 Alamy Images:** Simone A. Brandt (si); Franco Salmoiraghi (sc). **Corbis:** Angelo Hornak (sd). **Dreamstime.com:** Andrea G. Ricordi (bd/calzada). **Getty Images:** De Agostini (ca). **Science Photo Library:** NASA (bi). **24-25 Getty Images:** Toshi Sasaki (c). **26-27 Alamy Images:** Siim Sepp (bc). **26 Dorling Kindersley:** The Natural History Museum (Londres) (sd). **Dreamstime.com:** Mitchell Barutha (eci); Bahrin Diana (ci). **Getty Images:** John Cancalosi (bc). **27 Corbis:** Visuals Unlimited (sc). **Dorling Kindersley:** The Natural History Museum (Londres) (bc). **28 Dorling Kindersley:** The Natural History Museum (Londres) (ca). **Dreamstime.com:** Nastya81 (cib); Cenk Unver (d). **29 Alamy Images:** Nitschkefoto (cda); PjrStudio (sc); picturedimensions (cd). **Dorling Kindersley:** Oxford University Museum of Natural History (ca); The Natural History Museum (Londres) (si). **Getty Images:** Space Images (sd). **30 Alamy Images:** geoz (ca). **31 123RF.com:** zelfit (cib). **Alamy Images:** Sabena Jane Blackbird (ci); Manfred Gottschalk (cdb). **32 Dreamstime.com:** Javarman (cib). **33 Alamy Images:** John Cancalosi (cd). **34 Alamy Images:** Siim Sepp (cb). **Corbis:** Vittorio Sciosia (cib). **Dreamstime.com:** Srijan Roy Chouhudry (cdb); Jimmyconnor07 (sd). **Science Photo Library:** SCIENTIFICA, VISUALS UNLIMITED (cd). **35 Alamy Images:** John Cancalosi (ci); Siim Sepp (c). **Dreamstime.com:** Byelikova (sc); Bambi L. Dingman (cb). **36-37 Corbis:** Imaginechina. **38 Dorling Kindersley:** NASA (sd); The Natural History Museum (Londres) (cib, c). **Getty Images:** Larry French (cb). **Science Photo Library:** DR JUERG ALEAN (si). **38-39 Science Photo Library:** DETLEV VAN RAVENSWAAY (c). **39 Dorling Kindersley:** NASA (sc). **Dreamstime.com:** Cylonphoto (sd). **Press Association Images:** Elmar Buchner (cda). **Science Photo Library:** PETRIE MUSEUM OF EGYPTIAN ARCHAEOLOGY, UCL (c). **40-41 Getty Images:** Frans Lanting (c). **42-43 Corbis:** Darrell Gulin (c). **45 Dorling Kindersley:** The Natural History Museum (Londres) (ca). **46 Dorling Kindersley:** The Natural History Museum (Londres) (cia). **Dreamstime.com:** Omendrive (ci). **47 Dorling Kindersley:** Alan Keohane (sc); The Natural History Museum (Londres) (c). **Dreamstime.com:** Peter Hermes Furian (si); Pictac (cd); Joools (bc). **48 Corbis:** The Gallery Collection (cib); Charles O'Rear (si). **Dorling Kindersley:** Colin Keates (sc). **49 Corbis:** Mark Weiss (cib). **Dorling Kindersley:** University of Pennsylvania Museum of Archaeology and Anthropology (cd); Canterbury City Council, Museums and Galleries (ci). **Dreamstime.com:** Andrey Armyagov (cdb). **50 123RF.com:** Veerachai Viteeman (sd). **Dorling Kindersley:** The National Music Museum (i); The Natural History Museum (Londres) (c, cib). **51 123RF.com:** foottoo (sd). **Alamy Images:** The Natural History Museum (si). **Dorling Kindersley:** Durham University Oriental Museum (c); The University of Aberdeen (cib). **Dreamstime.com:** Gaurav Masand (ci); Slavapolo (cb). **52 Alamy Images:** ASK Images (cdb). **Dorling Kindersley:** The Natural History Museum (Londres) (si, c, cib, cb). **Dreamstime.com:** Kopitinphoto (sc); Noiral (ci); Marsel307 (cd). **52-53 Dorling Kindersley:** The Oxford University Museum of Natural History (sc). **53 Dreamstime.com:** Ingemar Magnusson (cb); Marcovarro (sd). **Getty Images:** Tim Graham (cib). **National Museum of Natural History, Smithsonian Institution:** Chip Clark (sc, ci); Dane A. Penland (cd). **54 Dorling Kindersley:** The Oxford University Museum of Natural History (ci). **54-55 Corbis:** Scientifica (sc). **55 123RF.com:** Aleksandar Kosev (si). **Alamy Images:** BigJoker (sd). **Corbis:** Arne Hodalic (ca). **Dorling Kindersley:** The University of Aberdeen (cb). **Dreamstime.com:** Klausmeierklaus (i). **Science Photo Library:** The NATURAL HISTORY MUSEUM (cdb); JOSE ANTONIO PEÑAS (cda). **56-57 Alamy Images:** Dale O'Dell. **58 Corbis:** Jeff Daly (cda). **Dorling Kindersley:** The Natural History Museum (Londres) (ci). **60 Corbis:** Mark Schneider (c). **Dorling Kindersley:** The Natural History Museum (Londres) (cdb). **61 Dorling Kindersley:** The Natural History Museum (Londres) (cda). **62 Alamy Images:** World History Archive (cdb); Universal Images Group / DeAgostini (ci). **Corbis:** Scientifica / Corbis (cib). **Dorling Kindersley:** The Natural History Museum (Londres) (cda). **63 123RF.com:** paulrommer (ca). **Alamy Images:** World History Archive (cib); Marvin Dembinsky Photo Associates (cia). **Dorling Kindersley:** The Board of Trustees of the Royal Armouries (s). **Dreamstime.com:** Smallow (cda). **64 123RF.com:** Christopher Howey (cia). **Dreamstime.com:** Epitavi (cib); Anton Starikov (ci). **Science Photo Library:** GUSTOIMAGES (cda). **64-65 Dreamstime.com:** Zbynek Burival (bc). **65 Alamy Images:** Alan Curtis / LGPL (ci). **Dorling Kindersley:** Harley-Davidson (cb). **Dreamstime.com:** Carlosvelayos (cd); Ingemar Magnusson (si). **66 Alamy Images:** Pat Behnke (cb). **Dreamstime.com:** Loiren (cdb). **67 Alamy Images:** Brian Jackson (cdb). **Dorling Kindersley:** The Natural History Museum (Londres) (c). **68 Dorling Kindersley:** The Natural History Museum (Londres) (si). **69 Alamy Images:** The Natural History Museum (Londres) (cb). **Dorling Kindersley:** The Natural History Museum (Londres) (si). **Dreamstime.com:** Chinaview (sc). **70 Alamy Images:** John Hyde / Design Pics Inc (cb). **Corbis:** Mike Grandmaison (ci); Roger Ressmeyer (cib). **Dreamstime.com:** Rita Jayaraman (cd). **Getty Images:** Westend61 (sd). **National Geographic Creative:** SISSE BRIMBERG & COTTON COULSON, KEENPRESS (si). **71 Corbis:** Radius Images (si); Wayne Lynch / All Canada Photos (sd). **Dreamstime.com:** Andrew Buckin / Ka_ru (ca). **Getty Images:** Jonathan & Angela Scott (cd). **Photoshot:** Frans Lanting (cib). **72-73 Corbis:** Tom Bean. **74 Corbis:** Mark Schneider / Visuals Unlimited (ci, c). **75 Alamy Images:** Phil Degginger (cdb). **Corbis:** Mark Schneider / Visuals Unlimited (sd). **Science Photo Library:** CHARLES D. WINTERS (cda). **76 Dorling Kindersley:** The Natural History Museum (Londres) (si). **77 Dorling Kindersley:** The Natural History Museum (Londres) (sd). **iStockphoto.com:** Olivier Blondeau (sc). **78 Dorling Kindersley:** The Natural History Museum (Londres) (cdb). **Dreamstime.com:** Bogdan Dumitru (si). **Science Photo Library:** The Natural History Museum (Londres) (ci). **79 Alamy Images:** Siim Sepp (cb). **80 Alamy Images:** Paolo Messina (cd); redsnapper (cib). **Corbis:** James Chororos (sd). **Dreamstime.com:** Joyce Vincent (c). **81 Corbis:** Ritterbach / F1 Online (cb). **Dreamstime.com:** Maurie Hill (cd). **83 Dorling Kindersley:** The Natural History Museum (Londres) (ca); The Natural History Museum (Londres) (c). **84-85 Corbis:** Peter Adams / JAI. **86 Alamy Images:** Lightner Collection (si). **Corbis:** Pascal Deloche / Photononstop (c). **Dreamstime.com:** Gator (c/gato). **86-87 Dorling Kindersley:** Maidstone Museum and Bentliff Art Gallery (cb). **87 Corbis:** Leemage (sd). **Dorling Kindersley:** The Natural History Museum (Londres) (cib/pigmento). **Getty Images:** Print Collector (c). **Science Photo Library:** JOEL AREM (cb). **88 Alamy Images:** PjrStudio (cd). **90 Corbis:** Nature Connect (c). **Dorling Kindersley:** The Natural History Museum (Londres) (cb). **Dreamstime.com:** Cjh Photography Llc (cd). **NASA:** JPL / USGS (cib). **Science Photo Library:** DIRK WIERSMA (cia). **91 Alamy Images:** (sd). **Corbis:** Vittoriano Rastelli (c). **Dreamstime.com:** Daniel Kaesler (cia). **Getty Images:** Sean Gallup (cd). **92-93 Dr.Alexander Van Driessche**. **94 Corbis:** Walter Geiersperger (cdb). **Dorling Kindersley:** Oxford University Museum of Natural History (ca). **95 Dorling Kindersley:** The Natural History Museum (Londres) (si). **97 Dorling Kindersley:** The Natural History Museum (Londres) (c, cd). **Dreamstime.com:** Mrreporter (si). **98 Alamy Images:** Shawn Hempel (bd). **Corbis:** Mark Schneider / Visuals Unlimited (si). **Dorling Kindersley:** The Natural History Museum (Londres) (bc). **Dreamstime.com:** Slavapolo (ci). **99 Dorling Kindersley:** The Natural History Museum (Londres) (si). **Dreamstime.com:** Martina Osmy (ci). **100 Baldi, Home Jewels:** (si). **Dorling Kindersley:** The Natural History Museum (Londres) (cb, cdb). **Dreamstime.com:** Alexxl66 (cb/hammer). **Getty Images:** Siede Preis / Photodisc (ca). **101 Dorling Kindersley:** The Natural History Museum (Londres) (cd). **Dreamstime.com:** Inga Nielsen (c). **102 Corbis:** (sc); Visuals Unlimited (cdb). **Dorling Kindersley:** The Natural History Museum (Londres) (si, cia, esd). **102-103 Dorling Kindersley:** The Natural History Museum (Londres) (c). **103 Alamy Images:** World History Archive (c); John Keeble / VisualGems (cb). **Corbis:** Eric Meola (cd); Mark Schneider / Visuals Unlimited (cib). **Dorling Kindersley:** The Natural History Museum (Londres) (cia). **Dreamstime.com:** Loveliestdreams (sd). **104 Alamy Images:** Melvyn Longhurst China (cib). **Corbis:** AStock (cia); imberly Walker / robertharding (cb). **Dorling Kindersley: 104** The Natural History Museum (Londres) (sd). **105 Corbis:** Huetter, C (c); Asian Art & Archaeology, Inc. (cda). **Dorling Kindersley:** The Natural History Museum (Londres) (si, sc). **National Museum of Natural History, Smithsonian Institution:** Chip Clark (cb). **Science Photo Library:** DIRK WIERSMA (ci). **106-107 Alamy Images:** Fredrik Stenström. **108 Corbis:** (c). **Dorling Kindersley:** Christie's Images (cib); The Natural History Museum (Londres) (cda). **Getty Images:** De Agostini / A. Rizzi (cia). **National Museum of Natural History, Smithsonian Institution:** Chip Clark (ca, cdb). **Science Photo Library:** DAVID PARKER (cb). **109 Alamy Images:** PjrStudio (cb). **Dreamstime.com:** Ingemar Magnusson (ci). **Getty Images:** Dawid Wapenaar / EyeEm (ca); HECTOR MATA (cda). **National Museum of Natural History, Smithsonian Institution:** Chip Clark (si, cib). **Science Photo Library:** JOEL AREM (cdb). **110 Dorling Kindersley:** The Natural History Museum (Londres) (si, cb). **Getty Images:** ADRIAN DENNIS (sd). **110-111 Alamy Images:** Phil Degginger (c). **111 Alamy Images:** John Cancalosi (cd). **Corbis:** Smithsonian Institution (sd). **Dorling Kindersley:** The Natural History Museum (Londres) (c). **National Museum of Natural History, Smithsonian Institution:** (cb); Chip Clark (ca). **112 Dorling Kindersley:** University of Pennsylvania Museum of Archaeology and Anthropology (cia); The Natural History Museum (Londres) (c). **Dreamstime.com:** Christophe Avril (cib). **113 Dorling Kindersley:** The Natural History Museum (Londres) (cia). **Dreamstime.com:** Ricok (cdb). **114 Dorling Kindersley:** The Natural History Museum (Londres) (c). **Dreamstime.com:** Valentyn75 (sd). **114-115 Dorling Kindersley:** The Natural History Museum (Londres) (bc). **115 Alamy Images:** INSADCO Photography (cb); Martin Strmiska (sd). **Dorling Kindersley:** The Natural History Museum (Londres) (sc, cd); The Natural History Museum (Londres) (c). **116 Alamy Images:** Nature Picture Library (ci). **Corbis:** ALEXANDER DEMIANCHUK / Reuters (cb). **Dorling Kindersley:** The Natural History Museum (Londres) (cd); The Royal Academy of Music (cib). **Dreamstime.com:** Cristian Mihai Vela (si). **117 Alamy Images:** Hans-Joachim Schneider (c). **Bridgeman Images:** The Natural History Museum (Londres) (cda). **Dorling Kindersley:** The Natural History Museum (Londres) (ci). **Dreamstime.com:** Ra3rn (cb). **118 Dorling Kindersley:** The Natural History Museum (Londres) (ci, sc, c, cb). **119 Dorling Kindersley:** The Natural History Museum (Londres) (si, cib, cb, cdb). **National Museum of Natural History, Smithsonian Institution:** Chip Clark (sd); Ken Larsen (cia). **120 Corbis:** Walter Geiersperger (i). **Dorling Kindersley:** The Natural History Museum (Londres) (sd); The Natural History Museum (Londres) (c, cdb). **Getty Images:** Ron Evans (ca). **120-121 Dreamstime.com:** Phodo1 (c). **121 Alamy Images:** WILDLIFE GmbH (ca). **Dorling Kindersley:** The Natural History Museum (Londres) (si, sc, sd, c, cib). **Photoshot:** Julie Woodhouse (cda). **122-123 Alamy Images:** lunamarina. **124-125 Alamy Images:** Marvin Dembinsky Photo Associates (c). **126 Dorling Kindersley:** Oxford Museum of Natural History (cb). **127 Dorling Kindersley:** Swedish Museum of Natural History (c); The Natural History Museum (Londres) (cib). **128 Alamy Images:** John Cancalosi (c); David Coleman (ca). **Dorling Kindersley:** The Natural History Museum (Londres) (cia, cib, cb). **Dreamstime.com:** Linda Bucklin (sc). **Science Photo Library:** CHRISTIAN DARKIN (cib/tiburón). **128-129 Fort Hays State University's Sternberg Museum of Natural History:** (s). **129 Dorling Kindersley:** Museo de Historia Natural de Suecia (sd); The Natural History Museum (Londres) (ci). **Dreamstime.com:** Damir Franusic (cdb). **130 Alamy Images:** Frans Lanting (sc). **Dorling Kindersley:** Oxford Museum of Natural History (ci); The Natural History Museum (Londres) (si, cd). **Science Photo Library:** DIRK WIERSMA (cdb). **130-131 Dorling Kindersley:** Swedish Museum of Natural History (s). **131 Alamy Images:** Roberto Nistri (ci). **Corbis:** Layne Kennedy (d). **Dorling Kindersley:** The Natural History Museum (Londres) (bi). **Science Photo Library:** MARK A. SCHNEIDER (si). **132 133 Getty Images:** Witold Skrypczak. **134 Dorling Kindersley:** Museo de Geología, Universidad de Copenhague (Dinamarca) / University Museum of Zoology, Cambridge (cia); Harry Taylor / Trustees of the National Museums Of Scotland (cia/Ichthyostega); The Natural History Museum (Londres) (cib); Instituto de Geología y Paleontología de Tubinga (Alemania) (cdb). **Getty Images:** De Agostini Picture Library (cib/*Cynognathus*). **Science Photo Library:** LOUISE K. BROMAN (cb). **134-135 Dorling Kindersley:** The Natural History Museum (Londres) (c). **Getty Images:** Wolfgang Kaehler (s). **135 Dorling Kindersley:** The Natural History Museum (Londres) (c). **Dreamstime.com:** Andreas Meyer (si). **Science Photo Library:** HERVE CONGE, ISM (cib); The Natural History Museum (Londres) (sc). **136 Corbis:** Ken Lucas (cd). **Getty Images:** DEA / G. CIGOLINI (ci). **137 Alamy Images:** Prisma Archivo (s); Corbin17 (ci). **Dorling Kindersley:** Oxford Museum of Natural History (cd); The Natural History Museum (Londres) (cda); The Sedgwick Museum of Geology. (cb/mandíbula). **Science Photo Library:** The Natural History Museum (Londres) (cb). **138 Corbis:** Jonathan Blair (si). **Dorling Kindersley:** Museo de la Naturaleza Senckenberg (sd); The Natural History Museum (Londres) (c). **139 123RF.com:** Michael Rosskothen (cia). **Alamy Images:** Thomas Cockrem (cb). **Corbis:** Ken Lucas (si). **Dorling Kindersley:** The Natural History Museum (Londres) (sd). **Getty Images:** Eric Van Den Brulle (cd); ANTONIO SCORZA (ca). **SuperStock:** Clive Glen (cib). **140 Dorling Kindersley:** Oxford Museum of Natural History (ca). **Dreamstime.com:** Seanyu (cia). **Science Photo Library:** DIRK WIERSMA (sd). **140-141 Dorling Kindersley:** Senckenberg Gesellshaft Für Naturforschung (c). **141 Dorling Kindersley:** The American Museum of Natural History (cdb); The Natural History Museum (Londres) (si); Museo Estatal de la Naturaleza (Stuttgart) (cb). **Dreamstime.com:** Seanyu (cda). **142 Alamy Images:** Corbin17 (cib). **Dorling Kindersley:** The Royal Tyrrell Museum of Palaeontology (Alberta, Canadá) (ca); The Natural History Museum (Londres) (sd); Senckenberg Gesellshaft Für Naturforschung (ci). **142-143 Dorling Kindersley:** The Natural History Museum (Londres) (c). **143 Dorling Kindersley:** Oxford Museum of Natural History (cia); The Royal Tyrrell Museum of Palaeontology (Alberta, Canadá) (sc); Senckenberg Gesellshaft Für Naturforschung (cdb). **144 Corbis:** Louie Psihoyos (cia); Bernard Weil (cd). **Dorling Kindersley:** The Royal Tyrrell Museum of Palaecntology, Alberta, Canada (cib); Senckenberg Gesellshaft Für Naturforschung (Frankfurt) (cdb). **145 Alamy Images:** John Cancalosi (si); WaterFrame (cda); The Natural History Museum (cb). **Dorling Kindersley:** Jon Hughes (esd); The Natural History Museum (Londres) (sd). **Science Photo Library:** MATTEIS (ci). **146-147 Getty Images:** Spencer Platt (c). **148 Alamy Images:** Encyclopaedia Britannica / Universal Images Group Limited (cb); Amy Toensing / National Geographic Image Collection (c). **Dorling Kindersley:** The Natural History Museum (Londres) (sd, cdb). **Science Photo Library:** JAIME CHIRINOS (cia). **149 Alamy Images:** Pat Canova (cdb); WaterFrame_sta (cib). **Dorling Kindersley:** The Natural History Museum (Londres) (cia). **Science Photo Library:** UCL, GRANT MUSEUM OF ZOOLOGY (s); The Natural History Museum (Londres) (ecia, cd). **Roman Uchytel:** Roman Uchytel (cdb/*Hyracotherium*). **150 Dorling Kindersley:** The Natural History Museum (Londres) (cia); National Museum of Wales (cib); The Natural History Museum (Londres) (cb); The Oxford Museum of Natural History (cdb). **150-151 Dorling Kindersley:** The Natural History Museum (Londres) (ca, cb). **151 Alamy Images:** The Natural History Museum (sd). **Dorling Kindersley:** The Natural History Museum (Londres) (sc, cd). **Science Photo Library:** The Natural History Museum (Londres) (c). **152-153 Photoshot:** World Pictures. **154-155 Alamy Images:** Frans Lanting. **156-157 Dreamstime.com:** Milanmarkovic. **157 naturepl.com:** Wild Wonders of Europe / Lundgren (bd); Nature Production (cdb). **162-163 naturepl.com:** Alex Mustard. **164 Science Photo Library:** GILLES MERMET (ca). **165 Alamy Images:** The Natural History Museum (Londres) (d). **Science Photo Library:** GILLES MERMET (cdb). **172-173 naturepl.com:** GEORGETTE DOUWMA. **176-177 Photoshot:** Imagebroker. **181 Dorling Kindersley:** The Natural History Museum (Londres) (cd). **182-183 Getty Images:** Ullstein bild. **184 Alamy Images:** Scott Camazine. **185 Corbis:** Walter Geiersperger (bd). **186 Dorling Kindersley:** Oxford University Museum of Natural History (cdb); The Oxford University Museum of Natural History (c); The Natural History Museum (Londres) (ci, sd, cd, cib, cb).

Las demás imágenes © Dorling Kindersley

Para más información:
www.dkimages.com